Sylvie Martinez-Lapergue

Le management de la qualité en IFSI

Sylvie Martinez-Lapergue

Le management de la qualité en IFSI
Une approche systémique

Presses Académiques Francophones

Impressum / Mentions légales
Bibliografische Information der Deutschen Nationalbibliothek: Die Deutsche Nationalbibliothek verzeichnet diese Publikation in der Deutschen Nationalbibliografie; detaillierte bibliografische Daten sind im Internet über http://dnb.d-nb.de abrufbar.
Alle in diesem Buch genannten Marken und Produktnamen unterliegen warenzeichen-, marken- oder patentrechtlichem Schutz bzw. sind Warenzeichen oder eingetragene Warenzeichen der jeweiligen Inhaber. Die Wiedergabe von Marken, Produktnamen, Gebrauchsnamen, Handelsnamen, Warenbezeichnungen u.s.w. in diesem Werk berechtigt auch ohne besondere Kennzeichnung nicht zu der Annahme, dass solche Namen im Sinne der Warenzeichen- und Markenschutzgesetzgebung als frei zu betrachten wären und daher von jedermann benutzt werden dürften.

Information bibliographique publiée par la Deutsche Nationalbibliothek: La Deutsche Nationalbibliothek inscrit cette publication à la Deutsche Nationalbibliografie; des données bibliographiques détaillées sont disponibles sur internet à l'adresse http://dnb.d-nb.de.
Toutes marques et noms de produits mentionnés dans ce livre demeurent sous la protection des marques, des marques déposées et des brevets, et sont des marques ou des marques déposées de leurs détenteurs respectifs. L'utilisation des marques, noms de produits, noms communs, noms commerciaux, descriptions de produits, etc, même sans qu'ils soient mentionnés de façon particulière dans ce livre ne signifie en aucune façon que ces noms peuvent être utilisés sans restriction à l'égard de la législation pour la protection des marques et des marques déposées et pourraient donc être utilisés par quiconque.

Coverbild / Photo de couverture: www.ingimage.com

Verlag / Editeur:
Presses Académiques Francophones
ist ein Imprint der / est une marque déposée de
OmniScriptum GmbH & Co. KG
Heinrich-Böcking-Str. 6-8, 66121 Saarbrücken, Deutschland / Allemagne
Email: info@presses-academiques.com

Herstellung: siehe letzte Seite /
Impression: voir la dernière page
ISBN: 978-3-8381-7160-9

Copyright / Droit d'auteur © 2014 OmniScriptum GmbH & Co. KG
Alle Rechte vorbehalten. / Tous droits réservés. Saarbrücken 2014

Sylvie MARTINEZ-LAPERGUE

Le management de la qualité

en Institut de Formation en Soins Infirmiers :

Une approche systémique

A mon père parti trop tôt,

A mes merveilleux enfants Maxime et Valentin

« Les hommes construisent trop de murs et pas assez de ponts. »

Newton

REMERCIEMENTS

À M.IHL, enseignant chercheur, Professeur de Science Po Grenoble, mon directeur de mémoire

À mon mari pour sa présence et son soutien

À ma famille pour tout ce qu'elle seule peut m'apporter

SOMMAIRE

Introduction..p 6

CHAPITRE 1 : La qualité : une exigence au cœur de la formation d'infirmier

1.1 L'histoire d'une profession et d'une formation.............................p 17
1.2 Une formation au centre de la pratique.......................................p 21
1.3 Les contours de la notion de la qualité.......................................p 24
1.4 L'union de deux entités...p 30
1.5 Acculturer la pédagogie..p 41

CHAPITRE 2 : La qualité : une variable de la pratique managériale

2.1 Dynamique top-down: appropriations et limites...........................p 47
2.2 Dynamique bottom-up:
Consensus et modifications des organisations..................................p 54
2.3 Un trio à malaxer :
La qualité, la motivation et le management participatif......................p 59
2.4 Favoriser la communication..p 64
2.5 Fédérer le changement :
« le tout est plus que la somme des parties »....................................p 67

Conclusion..p 70

Bibliographie...p 74

Annexe 1..p 80

INTRODUCTION

En termes de management, la démarche qualité apparaît comme un levier de changement. La profession d'infirmier étant perpétuellement secouée par des évolutions majeures, la démarche qualité signe bien l'évolution de ce métier.

La qualité est une notion subjective et relative. Elle s'intéresse à la notion de concevoir en vue de satisfaire un client puis de réaliser le produit le plus performant possible. Il convient de souligner que le processus qualité ainsi que la notion de normalisation sont présents dans tous les secteurs. Ils sont discutés et mis en application depuis des décennies. Le monde industriel se préoccupe de cette question en ayant le souci de l'efficience. La démarche qualité est une démarche de changement. La société AFNOR définit la qualité comme : « *l'ensemble des caractéristiques intrinsèques d'une entité qui lui confèrent l'aptitude à satisfaire des besoins exprimés et implicites* ». Cette société a crée toutes les normes International Organization Standardization (ISO).

François KLOB, dans son ouvrage sur ce thème, définit ce processus de la façon suivante : « *il est difficile de délimiter avec précision le champ du management par la qualité. Si l'on part des principes qui font la spécificité de ce management et que l'on recense toutes les méthodes et toutes les pratiques qui se réfèrent à ces principes, on ne trouve en effet aucune raison d'en arrêter la liste. (…) Ainsi les méthodes de gestion de projet, les pratiques psychosociales en matière de leadership, de motivation et de communication se trouvent-elles, d'une certaine façon placées au cœur des pratiques de qualité totale.* »[1]

Grâce à cette définition, il convient d'aborder le management de la qualité.

---

[1] KOLB François, *La qualité*, édition Vuibert, 2002, p. 50.

Le terme de management est issu du verbe anglais *to manage* qui a une étymologie très ancienne et discutée. Au XIIIe siècle, ce mot signifie « *l'art de gérer les affaires du ménage* », c'est-à-dire « *conduire son bien, sa fortune et ses domestiques de façon judicieuse* ».

Puis le terme évolue. T.T. Paterson dans son ouvrage, théorie du management, le définit comme : « *La mise en œuvre et coordination des fonctions et des personnes qui remplissent ces fonctions de façon à atteindre un but donné* ».

Dans les ouvrages, lorsqu'est abordée la démarche qualité, le management de la qualité est rapidement évoqué. Ce type de management ne réduit pas la qualité à un outil. Ainsi le management de la qualité intègre la qualité dans les stratégies de l'entreprise. Le management de la qualité passe souvent par une forte normalisation des processus. La norme ISO apparaît alors incontournable. Elle offre la reconnaissance et permet ainsi de valoriser l'institution. Beaucoup d'entreprises ont choisi cette norme pour être certifiées.

En dépit du caractère non marchand de l'enseignement supérieur, les Instituts de Formation en Soins Infirmiers (IFSI) sont soumis à la concurrence. En effet, l'offre de formation est importante. « *Le facteur de différenciation peut naturellement être la qualité des services* »[2].

C'est cette idée de la démarche qualité dans le secteur pédagogique qui intéresse cette étude.

Dans le domaine de la pédagogie, la démarche qualité s'est introduite récemment. Les accords de Bologne en 1999 font date.

---

[2] HELDENBERGH Anne, *Les démarches qualité dans l'enseignement supérieur*, édition l'harmattan, 2007, p. 273.

Au sein de l'université, la démarche qualité est une question soulevée depuis 2005 avec les accords de Bergen. L'Agence d'Évaluation de la Recherche et de l'Enseignement Supérieur (AERES) explique que « *l'évaluation menée par cette agence, analyse la gouvernance et la politique de l'établissement en matière de formation, de vie étudiante et de relations extérieures. Un intérêt particulier est porté à la politique qualité de l'établissement.* »[3] Il est alors souligné que c'est la politique de management qui est visée. La démarche qualité implique une mutation dans le management et dans les nouvelles méthodes de gestion.

Les IFSI sont adossés à l'enseignement supérieur depuis le décret du 31 juillet 2009[4].

La démarche qualité apparaît alors comme une obligation. « *Il devient primordial de rendre « visible » le processus de formation des instituts de formation ainsi que les compétences professionnelles développées dans les équipes pédagogiques.* »[5].

Mais les IFSI sont aussi marqués par la décentralisation. Depuis la loi n° 2004-809 du 13 août 2004 relative aux libertés et responsabilités locales, le financement des Instituts de Formation en Soins Infirmiers (IFSI) est sous la responsabilité des conseils régionaux.

Le rapport de la Fédération d'Hospitalisation Privée (FHP) avance cette idée : « *Si pour certains instituts de formation en soins infirmiers, la décentralisation se limite à un changement de financeur, pour d'autres, elle est une opportunité pour s'engager dans un management plus stratégique et plus prospectif. Cette réforme conduit progressivement l'ensemble des acteurs*

---

[3] www.AERES.fr

[4] Arrêté du 31 juillet 2009 relatif au diplôme d'État infirmier, JORF n°0181 du 7 août 2009.
[5] LORAUX Nicole, SLIWKA Corinne, *formateurs et formations professionnel : l'évolution des pratiques*, Paris, édition Lamarre, octobre 2006, p.170.

concernés (le conseil régional, la direction des établissements de santé de rattachement et la direction de l'IFSI) à une réalité des coûts et donc à une recherche d'efficience »[6]. *« Aux termes de la loi n° 2004-809 du 13 août 2009 relative aux libertés et responsabilités locales, il appartient à la région d'assumer le financement des frais de fonctionnement et de l'équipement des instituts de formations en soins infirmiers publics, tout en ayant la liberté de le faire également pour les instituts de formation privés. Cette « révolution » du financement des instituts de formation en soins infirmiers a connu une montée en charge progressive depuis 2005. Elle a désormais atteint sa quasi plénitude. Le transfert du financement des instituts de formations vers les régions a complexifié leur environnement par :*

« - le repositionnement des places de l'État et des organismes gestionnaires aux côtés des conseils régionaux

- la mise en évidence des liens entre décisions pédagogiques et décisions financières.

L'apparition de deux tutelles différentes sur ces deux domaines soulève de multiples questions. Toute décision pédagogique de l'État voit son volet financier géré par les conseils régionaux. Nombre des éléments techniques fixés réglementairement par l'État impactent directement les budgets des conseils régionaux, tels que l'organisation des formations transférées (conditions d'accès, programmes, modalités d'études et d'évaluation des étudiants, délivrance des diplômes) et les effectifs (quotas). »[7]

---

[6] VIEZ Marie Claire, *le financement des instituts de formation en Soins Infirmiers*, synthèse documentaire de la Fédération de l'Hospitalisation Privée, 2010, p.12.

[7] Ibid, p.13.

Il apparaît alors évident que les IFSI connaissent, depuis cette décentralisation et cet adossement à l'université, des modifications dans leur management.

La démarche qualité s'introduit donc dans les IFSI en corollaire de tous ces bouleversements.

Cette démarche est alors abordée sous le même schéma que les structures hospitalières. En effet, à l'hôpital, le processus qualité est très normalisé et structuré par des guides. Depuis 1996, la démarche qualité est obligatoire dans les établissements de santé. Pendant 17 ans, les certifications ont été très normées et standardisées. Le dernier rapport de l'Inspection Générale des Affaires Sociales (IGAS)[8] annonce un changement de paradigme. Il développe l'idée que les démarches antérieures ont permis aux professionnels de perfectionner leur pratique. Les démarches qualité hospitalières évaluaient les pratiques professionnelles. Mais ces processus n'étaient pas suffisamment tournés vers le malade. Ce rapport part du postulat que si la qualité est interrogée sous le prisme de la satisfaction du patient, la performance des soins s'améliorera. Il recommande d'homogénéiser les enquêtes de satisfaction pour élaborer des comparatifs efficaces.

Les instituts, qui sont au centre des évolutions, ont donc fait une orientation qualitative tournée pour l'essentiel vers la satisfaction de l'étudiant.

Comme l'annonce M. Vignatelli en parlant des instituts : *« il s'agit, en effet d'un lieu de réflexion intense sur l'orientation professionnelle, donc sensible à son évolution et par sa caractéristique de formation en alternance, un lieu de pratique quotidienne des soignants, au travers du vécu des élèves, est*

---

[8] Rapport de l'IGAS hôpital 2012, la Documentation Française.

utilisée et analysée dans un but formatif »[9].

Aujourd'hui, il apparaît nécessaire pour les IFSI de renforcer le caractère « visible » des formations professionnelles. L'enjeu est donc stratégique et traduit la volonté des IFSI de se positionner au plan local et d'anticiper la démarche qualité avec en point d'orgue la certification des établissements de formation.

Jacques Dejean avance l'idée que *« dans un univers comme l'enseignement supérieur, la qualité peut être sans doute d'avantage approchée par l'atteinte des objectifs et la réalisation des effets recherchés que par le respect des normes de production ».*[10]

Actuellement, aucun référentiel spécifique n'existe pour la formation professionnelle infirmier.

Les IFSI se sont inscrits de façon active dans cette dynamique qualité et la plupart se sont orientés vers le modèle ISO 9001[11]. L'IFSI de Privas a d'ailleurs ouvert la voie en étant certifié par la société AFNOR pour la norme ISO 9001, en 2001.

Dans ce contexte fort de normalisation, il convient de se questionner sur la place de la démarche qualité dans le management au sein d'un IFSI.

Après étude de la littérature, il convient de se rendre compte qu'il n'y a pas d'ouvrages spécifiques à la démarche qualité en IFSI.

---

[9] VIGNATELLI William, *la formation des infirmiers et le management des IFSI : quelle cohérence ?*, ANRT thèse, p.8.

[10] HELDENBERGH Anne, *Les démarches qualité dans l'enseignement supérieur*, édition l'harmattan, 2007, p. 46.

[11] La famille des normes ISO 900 correspond à l'ensemble des référentiels de bonnes pratiques de management en matière de qualité porté par l'organisme international de standardisation (ISO : international organisation for standardization)

Par contre la littérature sur la démarche qualité en général est très importante, ce qui vient souligner le caractère incontournable de ce processus dans notre société contemporaine.

La recherche sera guidée par la question suivante :

Dans quelle mesure la mise en œuvre de la démarche qualité en IFSI conduit-elle à la transformation des pratiques managériales?

Les hypothèses sont les suivantes:
- les écoles paramédicales souhaitent affirmer leur savoir faire à enseigner au sein du milieu universitaire.
- les IFSI veulent devant les tutelles de l'Agence Régionale de Santé (ARS) et la Direction Régionale de la Jeunesse et des Sports et de la Cohésion Sociale (DRJCS) démontrer leur capacité à effectuer un management de la qualité.
- Les IFSI font souvent le choix d'une norme reconnue nationalement et internationalement pour asseoir un savoir faire.
- Une approche trop normée freine le management et le changement dans le management.
- Le management de la qualité favorise le changement.

Pour étayer cette recherche, ont été réalisés des entretiens semi directifs.
Ils permettent de favoriser la production du discours en structurant l'exposé.
Deux IFSI ont participé à cette recherche. Ces deux instituts se situent dans la même région. Il s'agit de l'IFSI de Saint-Egrève dans l'Isère et de l'IFSI de Valence dans la Drôme. J'ai volontairement choisi des IFSI de structure et de contexte comparables. La démarche qualité, dans ces deux IFSI, est en cours de finalisation avec un travail initié depuis au moins deux ans.

Par contre, leurs approches diffèrent :

- L'IFSI de Saint-Egrève a une approche « bottom-up ». Cet IFSI est parti du référentiel de la Haute école de Santé et l'équipe de formateurs a construit les processus de la démarche qualité. Il s'agit d'un établissement public adossé à un centre hospitalier.

- L'IFSI de Valence a une approche « top-down ». Cet IFSI n'a pas choisi son outil pour construire la démarche qualité. Le centre de formation national lui a imposé la norme ISO 9001. Cet IFSI est un établissent privé à but non lucratif qui fait partie de l'entité Croix Rouge Française.

Dans le tableau suivant, il est donné le profil des cinq entretiens effectués. Ces entretiens étaient programmés et se sont déroulés dans les bureaux des professionnels. Tous les entretiens ont été enregistrés et retranscrits.

Il est à noter qu'il a été au préalable réalisé un entretien test auprès d'une directrice pour justifier la validité des questions.

Statut de la personne interviewée	Date du DE de cadre de santé	Date du diplôme de directeur des soins	Autres diplômes	Date d'arrivée dans l'IFSI	Année de travail dans la pédagogie	Particularités de parcours
Directrice Saint Egrève 1h d'entretien	1996	2008	Licence sciences de l'éducation Master 2 en management des établissements de santé DIU évaluation qualité médecine	2008	2007 alternance entre IFSI et unité depuis 1996	Cadre sur une mission transversale de démarche qualité
Directrice de Valence 45min d'entretien	1996	Pas de diplôme de directeur des soins	Master 2 sciences de l'éducation	2000 : responsable pédagogique 2009 : directrice	1996	
Responsable pédagogique Valence 45min d'entretien	2007		Master 1 gestion économique de la santé	2002	2002	A effectué des démarches qualité en entreprise
Formatrice Valence 50min d'entretien	1998		Master 1 sciences de l'éducation	1993	1993	
Formatrice 2 Valence 30min d'entretien	2005		Licence AES	2010	2005	

Devant le nombre des entretiens, il apparaît évident que le recueil de données est de nature qualitative.

Après avoir présenté la genèse de cette recherche, les hypothèses retenues ainsi que la méthode d'étude, il convient maintenant d'exposer l'ordonnance de mon travail.

Dans une première partie, il sera défini la démarche qualité dans ces fondements et en lien avec l'objet de recherche.
Dans une deuxième partie, il sera développé les axes stratégiques du management de la qualité.
La conclusion met en relief les aboutissements de cette recherche.

CHAPITRE 1

La qualité : une exigence au cœur de la formation infirmière

Après avoir fait un état des lieux du soin infirmier, il conviendra de comprendre le caractère essentiel de la démarche qualité dans les IFSI.

1.1 L'histoire d'une profession et d'une formation

Les IFSI ont connu de nombreuses réformes pour arriver à celle majeure : son intégration dans le système universitaire (Licence- Master-Doctorat).
L'arrêté de 1947 est la première date significative dans la profession. Il définit les contours du métier: « *est considéré comme exerçant la profession d'infirmier ou d'infirmière, toute personne qui donne habituellement, soit à domicile, soit dans des services publics ou privés d'hospitalisation ou de consultation des soins prescrits ou conseillés par le médecin.* »[12]

Dans ce texte, il est mis en exergue la notion de délégation de tâches, la notion d'autonomie et de prise d'initiative est limitée à l'exécution de soins prescrits par le médecin.

En 1978, la loi fait évoluer la profession et pour la première fois, il apparaît la notion de soins infirmiers. « *Est considérée comme exerçant la profession d'infirmier ou d'infirmière toute personne qui, en fonction des diplômes qui l'y habilitent, donne habituellement des soins infirmiers sur prescription ou conseil médical ou bien en application du rôle propre qui lui est dévolu. En outre l'infirmier(e) participe à différentes actions en matière de prévention et d'encadrement.* »[13]

Dans ce texte, l'autonomie de l'infirmier est soulignée, celui de la formation et de la transmission du savoir également.

La formation professionnelle prend alors tout son sens.

---

[12] Code de la santé publique-livre IV, titre II, article 473

[13] Loi n°78.615 du 31 mai 1978

Cette formation prône l'alternance est permet à l'étudiant de s'insérer dans un parcours professionnalisant. Il y aura d'ailleurs une modification du programme des études en 1979[14].

Le décret du 17 juillet 1984, modifiant le décret du 12 mai 1981, renforce l'idée que ce métier a besoin pour pratiquer des soins de comprendre et d'analyser les situations. « *Comprend l'analyse, l'organisation et l'évaluation des soins infirmiers et leur dispense.* »[15]

Le décret du 15 mars 1993[16] abroge et remplace celui de 1984. Les champs d'activité de l'infirmier sont élargis. C'est la première fois que l'on aborde le terme de diagnostic infirmier.

Ce texte est précédé par le texte de 1992[17] qui permet à la formation d'infirmier d'être unifiée (entre la filière psychiatrique et la filière générale).

Le décret de compétence du 11 février 2002 relatif aux actes professionnels et à l'exercice de la profession d'infirmier a été abrogé et remplacé par le décret n°2004-802 du 29 juillet 2004[18]. Ce dernier énonce que l'étudiant doit être acteur de sa formation. Il est avancé la forte notion de l'alternance. L'apprentissage devient aussi prépondérant en IFSI que sur les terrains cliniques.

---

[14] MINISTERE DE LA SANTE ET DE LA FAMILLE, Décret n° 79-300 du 12 Avril 1979 relatif aux études préparatoires au diplôme d'état infirmier

[15] MINISTERE DES AFFAIRES SOCIALES ET DE LA SOLIDARITE NATIONALE, décret du 17 juillet 1984, article1.

[16] MINISTERE DE LA SANTE et de L'ACTION HUMANITAIRE, décret n°93-345 du 15 mars 1993, relatif aux actes professionnels et à l'exercice de la profession d'infirmier.

[17] MINISTERE DE LA SANTE DES AFFAIRES SOCIALES ET DE L'INTEGRATION, décret 92-264 du 23 mars 1992 relatif au programme des études conduisant au diplôme d'État d'infirmier

[18] MINISTERE DE LA SANTE ET DE LA PROTECTION SOCIALE, Décret n°2004-802 du 29 juillet 2004 relatif aux parties IV et V (dispositions réglementaires) du code de la santé publique et modifiant certaines dispositions de ce code.

Le décret du 31 juillet 2009[19], bouleverse le champ de l'apprentissage. L'approche s'opère par compétences. Guy le Boterf explique que « *la compétence est un savoir-agir responsable et validé, qui nécessite pour gérer des situations professionnelles complexes et événementielles, de savoir choisir, combiner et mobiliser ses ressources propres.* »[20] Les études deviennent universitaires.

En 1999, les accords de Bologne modifient de façon notoire l'enseignement supérieur.

Les objectifs de ce processus sont basés sur une harmonisation des niveaux (création du LMD), sur la promotion de la mobilité des étudiants et sur la promotion d'une coopération européenne en matière d'évaluation et d'assurance qualité.

La démarche qualité s'introduit dans l'enseignement supérieur de façon encadrée depuis les accords de Bergen en 2005. Ces accords portent sur l'assurance qualité dans l'espace européen de l'enseignement supérieur.[21]

En 2006, en France est créée l'Agence d'Évaluation de la Recherche et de l'Enseignement Supérieur (AERES). « *L'évaluation menée par cette agence, analyse la gouvernance et la politique de l'établissement en matière de formation, de vie étudiante et de relations extérieures. Un intérêt particulier est porté à la politique qualité de l'établissement.* »[22]

---

[19] MINISTERE DE LA SANTE ET DES SPORTS, Arrêté du 31 juillet 2009 relatif au diplôme d'État d'infirmier

[20] LE BOTERF Guy, BARZUCCHETTI Serge et VINCENT Francine, *comment manager la qualité de la formation ?* , Paris, édition d'organisation, 1994.
[21] www.aeres-evaluation.fr

[22] www.aeres-evaluation.fr

Les IFSI sont englobés dans l'enseignement supérieur depuis juillet 2009. L'arrêté impose l'obligation de mettre en œuvre une démarche qualité de la formation.

Par conséquent, la démarche qualité revêt un enjeu stratégique pour les IFSI. En effet, il est possible que les paradigmes évoluent et se transforment. Jacques Dejean avance l'idée que *« dans un univers comme l'enseignement supérieur, la qualité peut être sans doute d'avantage approchée par l'atteinte des objectifs et la réalisation des effets recherchés que par le respect des normes de production »*.[23]

Après ce bref aperçu des textes, il paraît important de mettre en corrélation les caractéristiques de la formation avec ces évolutions. Pour ensuite finir sur la place de la démarche qualité dans cette profession.

---

[23] HELDENBERGH Anne, *Les démarches qualité dans l'enseignement supérieur*, édition l'harmattan, 2007, p. 46.

1.2 Une formation au centre de la pratique

La formation initiale en soins infirmiers s'effectue sous le mode de l'alternance. L'alternance est une composante essentielle puisque le temps de stage représente 50% de la formation.
Jean Houssaye explique l'alternance selon trois voies pédagogiques différentes:
- **L'alternance juxtaposition**: il s'agit de ne jamais croiser les deux champs celui de la théorie et celui de la pratique.

Cette alternance part de l'idée que les deux savoirs ne se nourrissent pas l'un de l'autre.
La pratique n'est qu'une application de la théorie.
- **L'alternance exploitation**: l'expérience de stage est reprise pendant les périodes de cours. L'enseignant devient alors formateur et accompagnateur de l'étudiant.
- **L'alternance production**: l'étudiant apprend en travaillant. Le savoir se dispense par l'apprentissage. Il y a très peu de place au va et vient entre théorie et pratique.

Les IFSI s'intègrent dans le champ de *l'alternance exploitation*. L'étudiant est acteur de sa formation et il construit sa posture réflexive pour devenir un professionnel autonome et responsable. M. Perrenoud avance l'idée que *« Si l'on considère qu'il est inutile et d'ailleurs impossible qu'un praticien connaisse d'avance les solutions à tous les problèmes qu'il rencontrera, si l'on pense que sa compétence est de les construire en situation, alors on privilégie la posture réflexive. Ce n'est pas une valeur en soi, mais une réponse à la complexité des tâches et des situations professionnelles. »*[24]

---

[24] PERRENOUD Philippe, *Articulation théorie-pratique et formation de praticiens réflexifs en alternance*, Faculté de psychologie et des sciences de l'éducation Université de Genève, 2001.

Il souligne là, la complexité des situations et donc l'importance d'appréhender l'alternance comme un croisement des différents savoirs: le savoir-faire, le savoir être et les savoirs théoriques.

La formation professionnelle comporte plusieurs dimensions:
- « *le développement des compétences nécessaires à l'accomplissement de l'acte professionnel (savoir faire)*
- *l'appropriation des compétences qui fondent cet acte professionnel (savoirs)*
- *la socialisation, c'est à dire l'acquisition des valeurs et attitudes spécifiques aux groupes professionnels (savoir être)* »[25]

La formation professionnelle d'infirmier doit aussi tenir compte des enjeux de la productivité du métier. Cette formation remet au centre l'apprentissage clinique.

Ces lieux cliniques sont au confluent des contingences économiques et des savoirs exigés par le LMD.

La formation d'infirmier amène à une identité professionnelle et développe le sentiment d'appartenance.

Dans ce contexte, il apparaît évident que les IFSI ne peuvent pas travailler seul et doivent intégrer d'autres acteurs.

Les acteurs institutionnels prennent une place de choix. En effet l'État dicte les directives et la région assure les financements et le suivi de la cohérence pédagogique.

Le directeur d'un établissement de formation doit mettre en cohérence les directives de la DRJSCS, avec un schéma régional établi pour l'ARS et créer un partenariat avec l'université à laquelle il doit s'adosser.

---

[25] LESSARD C, BURDONCLE R, « *qu'est ce qu'une formation professionnelle universitaire* », Revue Française de pédagogie, n°139, 2ème trimestre 2002, p.134.

Il y a aussi un échelon organisationnel entre l'IFSI et l'hôpital dont il dépend. Si l'IFSI n'est pas adossé à un centre hospitalier cet échelon est shunté pour aboutir directement à l'échelon opérationnel. Ce niveau permet le maillage avec le terrain.

Il y a en effet une contractualisation entre le formateur, l'étudiant et le tuteur de stage. Cette contractualisation permet de rendre vivante l'alternance.

En conclusion, au vu de toutes ces données il apparaît évident que les instituts sont imprégnés de la culture hospitalière. Or la culture des hôpitaux est régie par des normes. Les bonnes pratiques, l'efficacité et l'efficience sont des termes faisant partie intégrante du système de santé. Les IFSI, étant un élément du système de santé, viennent donc être percutées par la qualité et par le management de la qualité.

1.3 Les contours de la notion de la qualité

Ce chapitre définira dans un premier temps la notion de qualité pour aboutir à son intégration dans un milieu de formation.

La qualité émerge du monde industriel. L'industrie s'est intéressée à la gestion de la qualité dans les entreprises pour optimiser la production de biens et les coûts de production.

En 1924, Walter A. Shewhart invente une méthode de contrôle sur la qualité de production.
Son intégration dans le monde industriel est longue et difficile. Les professeurs Deming et Juran enseignent dans les années 1950, cette gestion de la qualité. Dans un contexte d'après guerre très difficile et pour valoriser son image internationale, le Japon se tourne vers l'occident. M. Ishikawa crée en 1973 l'académie internationale de la qualité.

L'après-guerre, l'industrialisation massive, amène les chefs d'entreprises à réfléchir et à mettre en place des processus de qualité dans les usines françaises.
L'après-guerre est la période intense de consommation et les entreprises doivent assurer une forte charge de production en optimisant les coûts.

La notion de qualité revêt de nombreuses définitions car elle est multidimensionnelle.
C'est une notion relative et subjective car elle s'intéresse d'abord à la notion de concevoir en vue de satisfaire un client.
Dans les années 1980 est créée l'International Organization for Standardization (ISO). Ces normes sont internationales. Elles se veulent génériques et adaptables à tous les champs professionnels.

Aujourd'hui la qualité est mesurée essentiellement par la satisfaction du client et est devenue une dimension centrale du management. Pour le manager, la qualité s'intéresse à l'organisation du travail et aux démarches de changements.

La qualité est définie par l'AFNOR : « *un produit ou service de qualité est un produit dont les caractéristiques lui permettent de satisfaire les besoins exprimés ou implicites des consommateurs.* »[26]
Cette définition est présentée comme un objectif à atteindre en mettant la focale sur le client.

Ce client est le patient, la satisfaction de celui-ci a été un bouleversement dans le positionnement des soignants.

Depuis 1996, tous les établissements de santé publics ou privés s'engagent dans une démarche de certification. En effet l'hôpital met l'accent sur l'efficience dans les soins et sur la satisfaction du patient. La qualité des soins devient une production de service. L'hôpital emprunte alors à l'industrie son approche de la qualité.

Le terme accréditation n'existe plus dans les établissements de soins depuis la loi du 13 août 2004. Cette dénomination a été remplacée par « certification des établissements de santé ». Le terme accréditation est désormais réservé pour les équipes médicales.

La Haute Autorité de Santé (HAS) définit la certification dans ces termes:
« *La certification concerne la qualité et la sécurité des soins au sein des établissements de santé. La procédure consiste à cette fin en une*

---

[26] www. Afnor.fr

appréciation globale et indépendante, afin de favoriser leur amélioration continue, des conditions de prises en charge des patients. Cette procédure s'articule en quatre grandes phases :
1. *Préparation de l'établissement par une démarche d'auto-évaluation*
2. *Visite de l'établissement par des experts extérieurs pour un rapport d'évaluation*
3. *Observations et décision de certification*
4. *Suivi de la décision.*

La procédure, et en particulier les références et critères retenus, est décrite dans le manuel de certification élaboré par la HAS. »[27]

Par cette définition, il est souligné que le critère fondateur d'une certification est l'évaluation.

L'évaluation des établissements de santé a évolué depuis le début de la certification. Cette évaluation a d'abord concerné les pratiques professionnelles puis le développement les procédures. Les schémas de standardisation de soins et les bonnes pratiques professionnelles y répondent.

Ces bonnes pratiques sont intéressantes car elles ont pour objectif d'optimiser la prise en charge médicale du patient.

Ces pratiques permettent de faire converger une pratique réelle à une pratique de référence. Cette pratique de référence réunit les données de faisabilité, d'efficacité et surtout tient compte des études scientifiques.

Aujourd'hui s'achève dans les structures la certification V2010. Les établissements vont aborder la certification V2014.

---

[27] Site: WWW. Has-santé.fr : Décision n°2012.0030/DC/SCES du 22 mars 2012 portant adoption de la procédure de certification des établissements de santé (V2010)

Elle développe ces axes de travail :
- « *un management de la qualité et des risques installés dans la réalité quotidienne des équipes de soins. Il doit donner du sens en termes de qualité de la prise en charge des personnes soignées et de qualité des conditions d'exercice*
- *une démarche qualité véritablement continue grâce à la définition de priorités correspondant aux vrais enjeux de l'établissement. Les actions et les résultats seront retracés dans le compte qualité de l'établissement, « pierre angulaire » du processus de certification*
- *un pilotage des actions qualité ayant une plus grande valeur ajoutée grâce aux nouvelles méthodes de visite et à un niveau de formation et d'entraînement renforcé des experts-visiteurs*
- *un rapport - plus court - identifiant ce qui marche, est remarquable ou doit être amélioré.* »[28]

Lorsqu'on lit le détail de cette procédure de certification il est souligné l'importance de développer la satisfaction de la « patientèle ».

Le dernier rapport de l'IGAS sur l'hôpital énonce les carences pour mesurer la satisfaction des patients. Il préconise de mettre l'accent sur cet aspect en prenant modèle sur les anglo-saxons. Il faut donc construire des indicateurs et des critères mesurables pour obtenir un schéma d'orientation national. Car aujourd'hui les évaluations sont disparates et ne peuvent pas être mises en cohérence ce qui bloque une vision globale de la satisfaction du patient.

Le patient est devenu un « client » et une « patientèle ». Le mot patient existe depuis 1120, alors que le terme de patientèle est apparu que très récemment. Mais les professionnels de soins préfèrent le terme de patient ou d'usager.

---

[28] www.has-santé.fr

Les termes de client et de patientèle ne sont encore pas encore utilisés par les professionnels du soin, par contre le sont par les dirigeants des structures de soins.

Il est intéressant de montrer que l'acculturation à la démarche qualité s'opère dans le monde soignant de façon lente et graduée.

La qualité se décline comme une démarche projet. Le projet fédère, permet la circulation de l'information au sein d'une équipe. Il favorise le management participatif et intègre de façon plus pertinente les contraintes et les atouts.

Cette démarche vient percuter le management et les conceptions du management. On parle du management de la qualité.
Ce concept intéresse :
- la dynamique du manager
- l'adhésion de tout le personnel
- l'amélioration constante des services
- la satisfaction des clients.

On parle dans la littérature du management de la qualité totale. Ce concept est né avec la roue de Deming[29] et l'amélioration continue de la qualité.
Cette roue développe 4 axes:
- Plan
- Do
- Check
- Act.

---

[29] Annexe 1

Lors d'un entretien, la responsable pédagogique de l'IFSI de Valence ne connaît pas le terme de management de la qualité. Elle critique même la pertinence de ma question.

Elle dit : « *Alors moi je dirai que le management de la qualité ne veut pas dire grand-chose, mais que le management par la qualité serait un petit peu plus parlant. Parce que « manager de la qualité », ça ne veut rien dire. Donc ça serait plus effectivement la qualité comme outil dans le management, c'est-à-dire que la qualité est aussi une démarche qui permet de faire avancer dans les stratégies ou dans le management global, donc c'est un outil d'auto évaluation pour chacun pour essayer aussi d'améliorer les axes d'amélioration possibles de l'organisation de la mise en place d'un certain nombre de chose. Et c'est donc on va dire quelque chose qui permet peut être d'accompagner l'équipe dans un souci permanent vers une amélioration. Mais dans tous les cas c'est cette idée là que j'en ai.* »

Cette méconnaissance souligne que l'acculturation de concept n'est pas simple. Par conséquent la connaissance approximative des termes amène une subjectivité dans l'approche des concepts.
Il convient alors de s'attarder sur le sens commun entre les deux termes qui sont la qualité et le management.

1.4 L'union de deux entités

Le Dr Feigenbaum a été le premier à aborder le concept de "Total Quality Control" (*Maîtrise totale de la Qualité ou Gestion totale de la Qualité*) (TQC) dans les années 50.

Il définit le TQC comme « *un système permettant l'intégration des efforts dirigés vers l'obtention, le maintien et l'amélioration de la Qualité, de la part des différents groupes dans l'entreprise, de manière à ce que les fonctions Commerciale, Méthodes, Fabrication et Service Après-vente, engendrent la complète satisfaction du client dans les conditions les plus économiques* ».[30]

Il inclut de façon implicite le management de la qualité. Mais il ne le nomme pas de façon précise. Le management de la qualité est repris par Ishikawa.

Le management de la qualité comprend:
- la satisfaction du client exprimé ou latente
- l'analyse ou la maîtrise des processus
- l'amélioration continue de la qualité
- l'implication de tout le personnel
- un management fondé sur les faits
- la prévention des dysfonctionnements.

Il est important de souligner l'implication de tout le personnel. Ce n'est pas qu'une affaire de manager mais c'est le manager avec son équipe.

Le management de la qualité a pour objectif de construire un projet collectif, de fédérer une motivation individuelle au sein d'une motivation collective dans un but d'obtenir de meilleur résultat et donc de gagner en performance.

---

[30] ISHIKAWA Kaoru, *la gestion de la qualité*, Paris, édition Dunod, 2007, p. 57.

Cela fait référence à du management par projet. « *Le management par projet instaure un style d'autorité qui se veut plus démocratique mais pas moins exigeant sur les résultats rendus nécessairement plus visibles et attribués à des individus plus responsables.* » [31]

Il est mis aussi en exergue cette notion d'équipe et de motivation intrinsèque à ces démarches.

Le manager doit instaurer une dynamique de décloisonnement. Il doit créer un cadre rigoureux en instaurant de la souplesse dans ce cadre. Il doit concilier la vision stratégique de l'entreprise en tenant compte des dynamiques individuelles.

Le manager donne du sens à une équipe.

L'ouvrage, *manager une équipe*, définit le manager comme: « *donner du sens en management, comme ailleurs, signifie: dire où l'on va et comment on y va.*

Il incombe donc au manager:
- *d'entendre et de comprendre les orientations données à l'entreprise, c'est la stratégie de l'entreprise*
- *d'adapter cette stratégie dans son périmètre de responsabilité, c'est le projet d'équipe*
- *de porter cette stratégie vers les équipes.* »[32]

La directrice de l'IFSI Saint- Egrève souligne l'importance de l'adhésion d'une équipe à une démarche qualité et pour elle, cela passe par le décloisonnement des tâches et des fonctions:

« *Qu'est-ce qu'on a fait ? Oui des petites choses comme cela, qui facilitent le*

---

[31] BELLENGER L, *piloter une équipe de projet*, Issy-les-Moulineaux: édition ESF, collection formation permanente, janvier 2004, p.42.

[32] CHAPUS-GILBERT Valentine, *manager une équipe,* Paris, édition Nathan, 2°éd , 2011, p. 7.

partage en fait de la formation. Petit à petit, inviter les secrétaires aux réunions pédagogiques, quand c'est un sujet commun comme le concours, elles viennent, quand je travaille avec une secrétaire comme par exemple sur les cursus partiels, j'invite une secrétaire qui va suivre les financements; Donc créer du partage, ne pas faire équipe ASH, équipe administrative, équipe pédagogique ».

Une formatrice de l' IFSI de Valence énonce aussi cette idée de partage et de décloisonnement: « *Il me semble qu'en terme de management, on va vers une pédagogie de qualité, qu'on fait passer des valeurs, on est quand même assez unanime par rapport à ces valeurs-là, qu'il y a des façons de faire qui sont assez uniformes aussi, malgré le fait que l'on ait chacun notre personnalité, quand même en terme de valeur et de qualité et de ce qu'on veut à la sortie finalement.* »

Il est par ces discours, soulignée la notion de démarche participative.
M. William Ouchi développe la théorie Z. Cette théorie s'inscrit dans la continuité de la qualité totale. Elle énonce et renforce l'idée que l'organisation doit être fondée sur le décloisonnement, la communication et la transversalité.
« *La théorie Z considère l'homme comme un élément déterminant de la réussite de l'entreprise. Elle reprend les principes du management Japonais:*
- *la subtilité qui naît des relations individuelles, et ne peut faire l'objet d'action bureaucratique*
- *l'intimité, qui est la capacité de donner et de recevoir par amitié*
Cette théorie favorise la culture du clan. Les salariés sont attachés aux valeurs fondamentales de l'entreprise et à sa philosophie. »[33]

---

[33] AIM Roger, *l'essentiel de la théorie des organisations 2013*, Paris, édition Lextenso, 6ème édition, 2013, p. 83-84.

On repère à ce stade du travail de la complexité d'un management de la qualité et de la nécessité de mettre en cohérence cette approche du management de la qualité pour en faire une entité unique et indissociable.
Cette mise en cohérence amène à une approche méthodologique.
L'HAS développe cette méthodologie.

« *La démarche s'effectue par étapes successives, déployées à travers les différentes entités de l'entreprise. Il est en effet inenvisageable de réaliser simultanément l'ensemble des changements requis dans une entreprise. La démarche est progressive car le développement des actions qualité correspond à un investissement qui vise des bénéfices à moyen terme. Cet investissement correspond en grande partie à du temps de personnel, notamment celui de l'encadrement supérieur et intermédiaire. La rapidité de mise en œuvre de la démarche sera une décision managériale fondée sur l'étude des capacités d'investissement d'une part et sur la capacité à mettre en œuvre le changement culturel requis d'autre part. Un rythme trop rapide conduirait à une mauvaise utilisation des ressources et fragiliserait la démarche (découragement des collaborateurs). Ces caractéristiques expliquent que seul le management de l'établissement peut assurer l'animation de la démarche et en garantir la cohérence.* »[34]

Cette dernière phrase est fondamentale pour comprendre les enjeux d'un management de la qualité. La directrice de Saint-Egrève en a bien compris les enjeux et elle se positionne clairement comme le leader dans cette démarche: « *C'est moi qui suis responsable et à l'initiative.* »

Alors qu'à l'IFSI de Valence où la démarche qualité leur a été imposée par une direction nationale Croix-Rouge, le leadership de cette démarche est dilué dans les strates hiérarchiques et la réponse de la directrice est donc moins claire: « *Alors il y a un animateur qualité régional qui n'est plus mais va*

---

[34] Rapport : *principes et mise en œuvre d'une démarche qualité dans les établissements de santé*, HAS, Avril 2002, p. 19.

bientôt de nouveau être, et sur le site il y a des animateurs qualité qui sont plutôt responsables de la mise en œuvre de la qualité et sinon, ce sont les directeurs et les responsables pédagogiques qui suivent un peu les choses et leur évolution comme un cadrage ».

Elle énonce bien cette notion de cadrage qui lui incombe mais que ce projet est noyé dans une stratégie nationale et donc elle dit elle-même qu'elle suit « *un peu les choses* ».

La méthode est essentielle pour une approche pertinente du management de la qualité.

« *Quatre dimensions essentielles ont été identifiées par Shortell pour développer une démarche qualité de manière cohérente, efficace et pérenne :*

- *une dimension stratégique*

- *une dimension technique*

- *une dimension structurelle*

- *une dimension culturelle.* »[35]

La dimension stratégique : elle est présente pour permettre de poser des objectifs clairs et précis et d'identifier les procédures qui sont nécessaires. Elle permet de clarifier les priorités et de dégager des processus clés qui interrogeront la satisfaction du client. Cette dimension a aussi pour objectifs de fédérer le personnel autour de ces processus. Ainsi les processus s'ancrent dans le quotidien de travail et deviennent une « culture ».

---

[35] Ibid. p. 19

La **dimension technique** : elle questionne le savoir faire. Elle va s'attarder sur la gestion du projet en favorisant la circulation de l'information et en établissant des plans d'actions et des évaluations régulières. La roue de Deming optimise la gestion d'un projet. Il est évident que cette gestion de projet vient s'incrémenter dans l'organisation d'un système de qualité. Il permet même une évaluation externe à l'entreprise. Dans cette dimension, il paraît aussi indispensable que les outils des procédures soient maîtrisés et investis par l'ensemble des employés. Il est alors nécessaire d'acculturer de façon très progressive ces processus.

La dimension structurelle: elle permet la mise en place de structure de coordination pour favoriser la construction des processus. En effet la démarche qualité vient interroger et modifier les organisations. Il apparaît alors très important de coordonner l'ensemble pour offrir une image cohérente et dynamique du processus. La démarche qualité est le contraire de statique, la roue est dynamique et en perpétuelle mouvement.

La dimension culturelle: cette dimension n'est pas à minimiser car elle permet de connaître et de tenir compte de la genèse de l'entreprise des facteurs facilitant le changement ou au contraire les éléments bloquants.

Elle optimise le travail d'équipe et le partage mutuel. Elle favorise aussi l'approche client. Il est d'ailleurs difficile pour une entreprise d'accepter le regard du client sur les prestations et surtout de modifier les comportements professionnels en fonction des résultats de satisfaction du client.

« *Le management de la qualité se confond progressivement avec la qualité du management cherchant le progrès dans toutes les dimensions : stratégie, gestion des ressources humaines, gestion financière, gestion de la production, gestion des risques.* »[36]

---

[36] Ibid. p. 24.

Cela souligne la fonction intrinsèque du management de la qualité. On arrive alors à la notion de performance.

Pour parler de performance, nous devons nous intéresser à la sociologie des organisations.

Les organisations sont présentes dans notre environnement quotidien. L'industrialisation de l'après guerre a favorisé les grosses structures et donc est venue questionner les organisations du travail. Mais il émane des critiques de ces grosses entreprises et les petites structures voient leur blason redoré.

Les remarques portent essentiellement sur le manque d'efficacité et d'efficience et donc de performance.

A l'époque actuelle, les organisations sont complexes. *« Des liens plus étroits se forment entre sociologie, économie et management. »*[37]

La comparaison des formes d'organisation se généralise. Et l'école de la contingence émerge. Elle est portée par M. Mintzberg. Ce courant part du postulat que les organisations s'adaptent aux contraintes de l'environnement.

Elles sont donc flexibles et permettent une meilleure performance.

« Il définit 4 facteurs de contingence:

- *l'âge et la taille de l'organisation*
- *son système technique de production*

---

[37] BALLE Catherine, sociologie des organisations, paris, édition Puf, 8ème édition, 2011, p. 74

- *son environnement*

- *son système de pouvoir. »*[38]

Puis apparaît l'école sociologique donc M. Crozier est une figure emblématique. Cette école prend en compte « *le fait que l'individu est un acteur social complexe qui structure le champ dans lequel il évolue.* »[39] Pour M. Crozier l'organisation ne s'impose aux individus mais ce sont les acteurs qui structurent l'organisation à travers des enjeux de pouvoir. Il développe le concept de « l'analyse stratégique ».

Cette analyse stratégique identifie que les acteurs d'une organisation peuvent prétendre à une liberté relative. M. Crozier développe aussi la notion de pouvoir et part du postulat que « *l'information a une grande valeur stratégique.* »[40] Il étudie les règles et les enjeux du pouvoir. Il développe d'ailleurs la théorie des *« zones d'incertitude »*.

Cette analyse stratégique peut dévoiler les enjeux de pouvoir sous-jacents à une organisation.

C'est devenu une méthode permettant de favoriser le changement et le management dans ces changements.

Nous revenons donc au point de départ qui est que le changement peut favoriser la performance.

La performance est un critère multidimensionnel. La performance est au carrefour de l'efficience et de l'efficacité.

---

[38] AIM Roger, *l'essentiel de la théorie des organisations 2013*, Paris, édition Lextenso, 6ème édition, 2013, p. 97.

[39] Ibid. p. 101.

[40] Ibid. p. 106.

En effet, l'efficacité est définie comme un résultat obtenu en lien avec les objectifs fixés. Alors que l'efficience intègre en plus la notion de coût et de rentabilité dans l'efficacité des résultats obtenus.

P. Drücker dit que *«par efficacité, on fait de bonnes choses; par efficience, on fait bien les choses»*[41].

La performance est un phénomène polymorphe car elle s'intéresse:

- à l'activité
- aux données financières
- à la politique du management.

Jim Collins reprend dans son ouvrage la théorie du hérisson. Cette théorie permet de comprendre les enjeux de la performance au sein des équipes de management.

Cette théorie a été modélisée par Isaiah Berlin. « *Il divisait le monde entre ces deux animaux selon la parabole grecque: si le renard sait beaucoup de choses, le hérisson n'en sait qu'une, mais importante.* »[42]

Le renard est défini comme un animal malicieux, rapide, léger et vif. Il a le profil d'un vainqueur. En parallèle, le hérisson est petit, malhabile et peu aventurier. Il se contente de protéger son territoire et de sortir uniquement pour se nourrir.

Puis le renard et le hérisson se rencontrent.

---

[41] DRUCKER Peter, *l'avenir du management,* Paris, édition Pearson Éducation France, 2010, p 162.

[42] COLLINS Jim, *de la performance à l'excellence, devenir une entreprise leader*, Paris, édition Pearson Éducation France, 2001, p. 89.

«Le renard attend silencieusement, posté sur ces traces, le moment opportun. Le hérisson, qui vaque à ses affaires, emprunte son itinéraire, droit vers le renard. «Ha, ha! Je t'ai eu! » pense le renard. Il surgit d'un bond, vif comme l'éclair. Le petit hérisson, sentant le danger; lève les yeux au ciel en soupirant: »encore! Il n'apprendra donc jamais? » Se mettant en boule, le hérisson se transforme en une sphère parfaite hérissée de piquants pointus dans toutes les directions. Le renard, bondissant vers sa proie, voit la défense érigée par le hérisson et repousse son attaque. » Mais c'est toujours le hérisson qui remporte la « bataille ».[43]

Dans cette fable, l'auteur met en évidence que le renard est un être diffus et qui n'intègre pas une vision d'ensemble. Le hérisson simplifie le monde et a un concept de base qui permet d'unifier et de guider les différents objets de travail.

M. Collins dans son livre va plus loin dans cette théorie puisqu'il améliore ce concept et il propose « les trois cercles du concept du hérisson ».

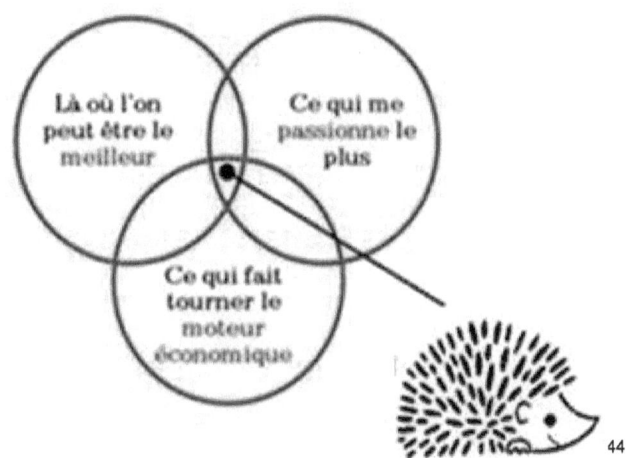
[44]

---
[43] Ibid. p. 90.
[44] Disponible sur le site internet : http://blogrhkurtsalmon.com/2013/02/20/coaching-le-concept-du-herisson/

La dynamique de ces trois cercles permet au manager d'identifier les capacités réelles ou latentes de l'entreprise pour être performant et devenir excellent.

Le hérisson représente la simplicité à l'intérieur de ces trois cercles.

Ce concept est très intéressant car les hôpitaux sont des organisations complexes et donc souvent difficiles à manager. Les IFSI sont en majorité adossés à ces établissements et « subissent » donc la complexité de ces organisations.

La qualité s'inscrit dans ces schémas de performance et donc ce type de concept peut favoriser l'efficacité et l'efficience en pédagogie.

1.5 Acculturer la pédagogie

La formation s'est engagée de façon assez rapide dans ces processus de démarche qualité. Les IFSI ont une véritable volonté de se démarquer des formations professionnelles et de se créer une place reconnue au sein des universités.
Les universités aussi, ont connu et connaissent encore la mouvance des certifications.
Les régions et les ARS sont très sensibilisés aux démarches qualité. Par exemple l'Île de France a financé un processus de démarche qualité pour des formations professionnelles.
« Le but de cette démarche est ainsi de gagner, en interne, de la performance et, en externe, de la crédibilité. »[45]
Cette démarche permet de créer une dynamique d'évolution permanente et de favoriser le changement.

Pour la formation professionnelle d'infirmier, la question d'évaluer les pratiques pédagogiques est très récente. Elle date de moins de 10 ans. Depuis que les établissements s'acculturent à cette dynamique, les centres de formations ont commencé dans les années 2000 à s'interroger sur leurs compétences.
L'IFSI de Privas ouvre la voie en termes de certification.

Il est important dans un management de la qualité de connaître les besoins exprimés ou implicites de l'apprenant.
Mais il serait restrictif de limiter le bénéficiaire à l'étudiant. Le « client » est multiple et complexe en institut. Le futur professionnel est le « produit fini ».

---

[45] LORAUX Nicole, SLIWKA Corinne, *formateurs et formations professionnel : l'évolution des pratiques,* Paris, édition Lamarre, 2006, p 171.

Mais « ce produit » fini intéresse d'autres acteurs périphériques.
Dans le domaine qui nous intéresse, nous pouvons citer les employeurs, les tutelles, les personnes soignées c'est à dire *« les consommateurs ou les citoyens concernés par l'action des professionnels formés »*[46]
Cette liste ne se veut pas exhaustive. Les indicateurs de satisfaction sont différents et certainement compliqués à mettre en harmonie.
Nous allons circonscrire cette recherche à la satisfaction de l'apprenant et au management pour répondre aux besoins de formation.

Pour André VOISIN, il faut réaliser une formation individualisée et personnalisée. Ainsi, *« ce n'est pas parce que, dans la formation individualisée, il y a accès direct au savoir, qu'il y a forcément prise en compte par le formateur des attentes de la personne ou de son mode d'apprentissage.*

Les objectifs, attentes et motivations, les connaissances et compétences déjà détenues, les rythmes et modes propres d'apprentissage doivent être pris en compte de manière personnalisée, et non seulement individualisée. » [47]
La directrice de l'IFSI de Saint-Egrève, dans son discours, met le bénéficiaire au deuxième plan. En effet pour elle, l'important est d'abord de structurer l'organisation grâce à la démarche qualité et par effet rebond d'améliorer la pertinence des prestations.

Elle exprime d'ailleurs ces motivations de départ comme suit: *« La motivation première a été d'arrêter de perdre mon temps à chercher ce que je souhaitais avoir. Donc une difficulté à retrouver les informations, soit sur le réseau, soit*

---

[46] ENSP, accréditation des dispositifs de formation, référentiel qualité. p. 3.
[47] VOISIN A., *L'apprenant introuvable, ou les incertitudes de la recherche*, Revue Éducation Permanente, n°147, 2001, p. 72.

sur le papier. C'est vraiment le déclic au départ et puis ma déformation professionnelle car j'ai été pendant 5 ans responsable qualité en établissement. Donc la première étape c'est déjà de mettre une revue documentaire claire et de rendre accessible les incontournables de la structure. »

A contrario, les formatrices de l'IFSI de Valence énoncent rapidement l'intérêt de travailler en commun pour devenir plus performant dans la pédagogie dispensée. Elles identifient l'étudiant comme étant au centre de leurs préoccupations. « *Je pense qu'il y a quand même l'idée de pouvoir avoir un consensus c'est-à-dire que les personnes puissent travailler dans la même direction, avec les mêmes outils pour ne pas multiplier, d'avoir quand même une crédibilité. Je dirais une uniformité par rapport à notre travail. Je dirais aussi que ça permet de participer, de donner son avis, d'aiguiller un peu sur quoi, sur où on peut aller. Je dirais d'aller vers une réflexion qui va dans le bon sens par rapport aux étudiants.* »

Mais l'étudiant n'est pas seulement utilisateur du système, il participe à la qualité de la formation. Il est coconstructeur et coresponsable de sa formation.

Il n'existe pas de référentiel spécifique à la pédagogie en formation professionnelle. Alors pour asseoir une reconnaissance, les IFSI s'engagent dans des normes reconnues et la norme ISO prend donc toute sa place.

La norme ISO parle de conception. Pour cette norme la conception est « *un ensemble de processus qui transforme des éléments entrants en produit fini.* »[48]

---

[48] Ibid. p. 175.

Il convient alors de définir le produit pédagogique. Ces termes sont un ensemble d'éléments comprenant la réflexion pédagogique et le projet pédagogique.

« Ils sont issus des choix et des orientations explicitées par la direction. L'équipe crée donc des règles communes qui déterminent les composantes du « produit » formalisé par le projet pédagogique. »[49]

Il existe deux référentiels :

- la norme ISO 9001
- le référentiel, *« assurance qualité de dispositifs de formations supérieures professionnelles»*, proposé par l'École nationale de la Santé Publique (ENSP).

Ces différentes approches ne facilitent pas l'engagement éventuel des IFSI.

Certains auteurs s'interrogent sur la généralisation de la démarche qualité en IFSI. En effet la formation génère de la relation et donc des résultats aléatoires.

Par contre il est intéressant de reprendre l'idée de Mmes Sliwa et Loraux: *« que la démarche qualité entretient la motivation des formateurs et renforcent le sentiment d'appartenance à l'institut. »* [50]

Poser la question de la qualité en formation c'est se questionner sur son management. C'est complexe. Ça oblige donc à travailler en équipe fédérée autour d'un projet commun.

---

[49] Ibid. p. 175.

[50] LORAUX Nicole, SLIWKA Corinne, *formateurs et formations professionnel : l'évolution des pratiques,* Paris, édition Lamarre, 2006, p 175.

Cela nécessite d'identifier les compétences individuelles et collectives afin que chacun y trouve sa place.

Cela implique également de s'interroger sur les pratiques et pour faire référence à la théorie de hérisson : savoir identifier « là où on peut être le meilleur. »

Afin de continuer à répondre à la question de départ de notre recherche, nous proposons, à présent, de vérifier quels sont les leviers managériaux à la mise en œuvre d'une démarche qualité au travers de deux axes d'enquêtes de terrain.

Nous rappelons que les deux études de terrains ont initié depuis au moins deux ans un processus de démarche qualité. Ces deux IFSI ont fait des choix différents dans la méthodologie des processus qualité.
L'IFSI de Valence a choisi la norme ISO 9001.
L'IFSI de Saint-Egrève a choisi le référentiel de l'ENSP.

Dans le chapitre suivant, il sera approfondi les effets du management de la qualité sur une organisation d'IFSI.

CHAPITRE 2
La qualité : une variable de la pratique managériale

Les deux approches des IFSI retenues pour notre étude sont différentes.
L'IFSI de Valence fait partie de la Croix-Rouge Française. Cette entité emploie 18000 salariés. Elle s'est engagée dans la démarche qualité en 2009 et son objectif est de faire certifier tous les établissements de formations Croix-Rouge France. Cette entreprise a donc créé un comité de pilotage national de la démarche qualité avec des coordinateurs qualité dans chaque région. Il doit fédérer l'ensemble des instituts autour de ces processus et il dicte les schémas stratégiques nationaux.

L'IFSI de Saint-Egrève a choisi un référentiel plus en lien avec la formation. Cette démarche a été impulsée par la directrice mais animée par tous les membres de l'équipe.
Nous allons nous intéresser aux approches de ces deux IFSI : celle de type top-down et celle de type bottom-up afin de comprendre ensuite en quoi la démarche qualité vient bouleverser les politiques managériales de la formation d'infirmier.

2.1 Dynamique « top-down »: appropriations et limites

L'approche top-down est issue de la division du travail de M. Taylor et de l'organisation hiérarchique de M. Fayol. C'est une politique de management très hiérarchisée et cloisonnée.
Cette notion émerge vers la fin du 19ème siècle avec l'entreprise, l'administration d'État et l'armée permanente.
Les processus de démarche qualité sont souvent très structurés.
Les ouvrages sont nombreux et les méthodologies sont précises. Mais les livres décrivent très rarement les moyens de réussite de ces processus.

Il est implicite que le fait de mettre en place une démarche qualité suffit en soit pour être porteur d'amélioration et de réussite pour l'entreprise qui s'y engage.

Michel Bellaiche, dans son ouvrage, explique que la démarche qualité « *apportera progrès ou problèmes, suivant la façon dont on l'aborde et l'utilise.* »[51]

Le postulat, qui affirmerait que la démarche qualité est obligatoirement porteuse de façon intrinsèque d'une stratégie, est parcellaire et non exhaustif de la littérature.
La démarche qualité n'est pas un outil miracle.

C'est surtout un moment de partage dans les équipes.
La formatrice de l'IFSI de Valence dit d'ailleurs : « *Oui des petites choses comme cela, qui facilitent le partage en formation* ».
Le management top-down qui dispense uniquement l'application de procédures, voit profiler un échec de ces démarches.
Lorsqu'on demande à une formatrice de Valence qui s'occupe de cette démarche et comment elle est utilisée au sein de l'institut, elle répond :
- « *On a 2 personnes identifiées au niveau des agents administratifs et je dirai plus ou moins quelqu'un chez les formateurs. Il me semble qu'il y a quelqu'un qui s'y intéresse, maintenant s'il est identifié. Vraiment officiellement, ce n'est pas aussi clair que cela.* »
- « *Oui et cela m'a paru s'adresser beaucoup à l'administratif. Bien qu'effectivement, nous on a des fiches projet descriptives d'UE, je ne sais pas exactement ce qu'il faut qu'on réalise…Pour l'instant pour moi, c'est de l'ordre de l'outil* »

---

[51] BELLAICHE Michel, *manager vraiment par la qualité*, La plaine Saint Denis, édition Afnor, 2012, p. 5.

Il est évident que la démarche qualité ne se résume pas à la mise en place et à l'application de procédures.

Les démarches de qualité ISO 9000 sont nées dans le milieu industriel.

A partir des années 2000, ces normes se sont ouvertes à d'autres activités, tout en gardant l'empreinte industrielle.

Les modalités ISO construisent des processus qui séquencent beaucoup la production. Ce type de schéma est très utile dans l'industrie mais nous pouvons nous interroger sur la pertinence de ce découpage en pédagogie.

Rappelons que l'IFSI de Privas a été le premier en France à avoir adopté la norme l'ISO. Dans un mémoire de l'École des Hautes Études en Santé Publique, l'auteur revient sur l'expérience de Privas.

« Un des formateurs, celui avec lequel nous nous sommes entretenues, a été désigné référent qualité. La mission confié au groupe était le choix d'un référentiel : « lecture en groupe de la norme ISO » et visite d'un institut certifié : « dix classeurs de procédures très enfermant ». Les membres de l'équipe se sont interrogés « est ce vraiment cela que l'on souhaite ? », « L'étudiant en Soins Infirmiers est il client ? ». Puis une étude du référentiel ENSP a été réalisée.... Fin 2006, le directeur a sollicité un regard extérieur car le travail était laborieux et les personnels étaient démobilisés. »[52]

Cette idée que la démarche qualité est seulement un outil est repris pour la formatrice de l'IFSI de Valence :

« Pour l'instant, ce que je perçois, c'est que cela a été donné un peu à la réflexion ...pas forcément par les utilisateurs. Donc, on nous explique tous les processus, les procédures, le guide, les formulaires. C'est un labyrinthe pour moi et au quotidien cela en devient un, car les outils sont organisés de telle manière ...dans le serveur avec une arborescence dans laquelle il

---

[52] GUILLEMAIN. E, *la démarche qualité outils de management pour le directeur Institut de Formation en Soins Infirmiers*, mémoire EHESP, 2008, p.18.

devient très difficile de s'y retrouver...un vocabulaire très particulier, une manière de penser les choses...il faut qu'il ait une pochette guide-alors il y a une pochette guide- il faut qu'il ait une pochette formulaire alors il y a une pochette formulaire dedans quelques fois on peut en ouvrir plusieurs il y a strictement rien dedans. »

Même la directrice de l' IFSI de Valence reprend aussi cette idée d'outils : « *Alors je pense qu'il y a à la fois des réunions ponctuelles qui permettent de faire des points d'étape pour dire ben voilà là on en est là, pour expliquer aussi les outils, les présenter, voir comment on va pouvoir rentrer dans cette façon de faire, quelle date on se donne etc. »*

Nous allons nous attarder sur cette idée d'outils. Nous reprenons l'idée que la qualité n'est pas seulement une procédure.
Les procédures sont utiles dans une organisation mais il faut pouvoir les questionner et les rendre adaptables aux préoccupations de l'Institut.

Si la procédure est figée M. Bellaiche explique que plusieurs comportements peuvent alors se produire. « *Il y a ceux qui appliquent sans se poser de question. Dans ce cas l'inutilité de la procédure peut se perdurer, entraînant un détachement par rapport à la démarche. La deuxième option consiste à suivre ou à ne pas suivre la procédure dans ce qu'elle a d'inutile. Ce choix peut être heureux pour les résultats obtenus, mais ce qui est fait en dehors de la procédure reste opaque à l'entreprise ».*[53]

La Croix Rouge Française perçoit la démarche qualité comme un objectif et cette qualité a comme point d'orgue le label de certification.

---

[53] BELLAICHE Michel, *manager vraiment par la qualité*, La plaine Saint Denis, édition Afnor, 2012, p. 19.

Pourtant la certification s'intéresse de plus en plus à la dynamique interne du management. Par conséquent souvent la certification est suivie sur une période de 2 à 3 ans pour juger de la dynamique de management et pour ne pas figer la qualité.
Il paraît regrettable de vouloir obtenir une certification sur un modèle plaqué est donc contraire à l'esprit de la certification. Cela dévoie même aux objectifs initiaux.

Il convient alors aux directeurs des IFSI de se poser en permanence la question en lien avec la norme ISO 9001 : pourquoi ceci est demandé ? Plutôt que comment on va le mettre en œuvre ?
Ces questions mobilisent la notion de travail d'équipe.
La responsable pédagogique de l'IFSI de Valence limite la démarche qualité à des outils. Elle avance même : « *Aujourd'hui tous les personnels ici sont plus ou moins confrontés, ou par l'exercice d'un secteur, donc il y en a qui ont vu les bénéfices, d'autres les inconvénients, qui ont déjà réussi à mesurer un certain nombre d'effets quand même. Donc c'est vrai que là on parle de démarche qualité oui pourquoi pas, puis c'est quand même lié à une toute petite partie de notre activité ça n'embolise* pas un *fort aspect de l'activité du formateur.* »

Nous pouvons affirmer qu'il est difficile pour un manager de faire de la qualité un levier du management, s'il n'en connaît pas les principales potentialités.

Si le manager à conscience que la qualité facilite le changement, permet d'instaurer un autre état d'esprit et que cela améliore la communication, il utilise alors la qualité selon tout son potentiel.
La directrice de l'IFSI de Saint-Egrève en connaît les enjeux. Elle explique d'ailleurs sa méthodologie d'approche.

Elle a construit sa méthodologie sur des axes simples et fondateurs de tous : *« on a défini notre propre classification et la durée de conservation, ou comment on archivait les choses. On a défini six thèmes qui nous paraissaient les portes d'entrées de tout ce qui existait à l'IFSI, étudiant ou personnel, l'administratif, le financier, les stages, les concours, la pédagogie, la formation continue. Et à l'intérieur de ces thèmes, nous avons défini le classement. Donc, par thème on a chaque fois la même déclinaison, à savoir pour tous les thèmes on a tout ce qui est réglementaire, tout ce qui est base de données, procédures, maquettes et ensuite la déclinaison. Donc on a réfléchi un peu à comment on voyait les choses, que tout le monde puisse en avoir la compréhension. Et sur cette base-là, nous avons commencé à jeter tout ce qui était inutiles. Pendant 6 mois nous avons jeté des choses, des pleines bennes. »*

M. Bellaiche énonce également le risque de laisser la qualité uniquement aux mains des qualiticiens. *« Dans la mesure où la qualité pertinente se manage, laisser celle ci entre les mains exclusives des qualiticiens, c'est se dessaisir de ces prérogatives ».*[54]

L'approche Top-down n'intègre pas la notion de « culture ». Nous parlons là de la culture de l'IFSI et de la culture qualité.

C'est en 1938, M. Barnard qui fait référence à cette notion de culture d'entreprise.

« Il confère à l'entreprise une personnalité. Et fait de ces dirigeants les dépositaires de ses valeurs. Après quoi la notion de culture d'entreprise est tombée dans les oubliettes pendant environ 50 ans. Elle réapparaît avec force dans les années 1980. »[55]

---

[54] Ibid. p. 40.
[55] MORIN Pierre, DELAVALLEE Éric, *le manager à l'écoute du sociologue*, Paris, édition d'Organisation, 2004, p. 40.

La culture reprend de l'importance à l'aire de la mondialisation. Les entreprises se munissent des mêmes outils stratégiques des mêmes concepts pour manager.

Hors dans ces apports, la culture doit être prise en compte car sinon cela peut amener des incohérences.

Il en est de même pour la formation supérieure, le système LMD est porteur de sens mais il doit tenir compte des spécificités locales.

Nous supposons que l'approche bottom-up favorise l'intégration des cultures et permet le changement.

2.2 Dynamique « bottom-up »: consensus et modifications des organisations

Cette approche s'oppose dans ces fondements de l'approche précédente. Cette approche mobilise une organisation autonome et horizontale. Les pratiques sont partagées au niveau opérationnel. Elle favorise le décloisonnement et la motivation collective.

Par contre cette approche peut avoir comme risque de mettre la qualité au centre de toutes les stratégies de l'IFSI.

La qualité peut revêtir une place hégémonique. Et là la stratégie globale de l'IFSI peut être mise en difficulté. Le prisme d'approche ne peut pas être uniquement la démarche qualité.

Au départ des démarches qualité, les entreprises Japonaises ont compris qu'il était nécessaire d'impliquer les équipes dans ces processus. Elles avaient alors créé au sein des entreprises des petits cercles de qualité au sein de chaque organisation interne pour permettre l'émergence de la créativité et de la motivation. En France, cette idée est reprise et il est alors crée l'Association Française des Cercles de Qualité. Aujourd'hui cette association n'existe plus, mais il reste l'idée de transversalité et de décloisonnement.

Dans l'ouvrage, management d'équipe, il est avancé que « *l'accord collectif et les normes sont une production collective. A la différence des décisions prises par un chef seul ou un leader seul, ils résultent des processus de communication, d'influence sociale et d'ajustements mutuels entre les membres au cours de leur échange.* »[56]

---

[56] ALLARD-POESI Florence, *management d'équipe*, Paris, édition Dunod, 3° édition, 2012, p. 101.

Oberlé et Beauvois, en 1995, disent que les normes produisent de l'uniformité. Cette notion de normes co-construites permet de mettre en exergue le fort potentiel de motivation que cela produit auprès des équipes.

Deux concepts sont développés pour comprendre les modalités de convergence :
« la normalisation » et « la polarisation ».
- *La normalisation* est l'aboutissement de points de vue différents au sein d'une équipe qui arrive à un consensus commun. Donc cette normalisation est porteuse de valeur commune.

- *La polarisation* émane aussi de la pensée du groupe. Elle ne représente pas le consensus central mais plutôt les extrêmes comme la prise de risque ou alors le schéma de prudence.

La convergence a pour objectif de faire changer et évoluer les normes prédéfinies. *« Alors que la normalisation suppose une discussion minimale sur le sujet peu impliquant, la polarisation implique une discussion en profondeur ».*[57]

La convergence revêt alors des aspects différents.
- **la convergence comme processus de comparaison sociale** : ce premier concept voit l'union de la normalisation et de la polarisation comme un processus de comparaison sociale. Cette idée développe la position de l'individu. L'individu veut montrer le meilleur de lui même et donc la polarisation en est réduite à son strict minimum.

---

[57] Ibid. p .109

- ***La convergence comme résultat d'un apprentissage collectif*** : les discours génèrent des arguments permettant le positionnement du groupe. Les arguments développés sont de nature persuasive. Cela devient une entité de partage et de cohérence de l'information. Dans ce concept, la reformulation active est parfois minimisé ce qui bloque les attitudes de changement.
- ***La convergence comme création et résolution de conflit*** : Si le thème n'a jamais été abordé, il n'a pas de point d'ancrage dans l'entreprise. Il apparaît évident que les discussions vont susciter des réactions et donc des conflits éventuels. Pour créer et résoudre un conflit, il faut que l'entreprise ait une histoire et une culture à laquelle elle peut se référer.

Ces systèmes de convergence ne sont possibles que si une histoire d'entreprise est présente dans un contexte normatif est possible.

Dans nos formations en Soins Infirmiers les deux aspects sont présents :

L'histoire du métier et la réglementation inhérente à cette formation professionnelle.

Michel Crozier dit : « *Si l'on pense que l'exécutant moyen est irresponsable et paresseux, on ne peut pas échapper à la nécessité de le commander et de le contrôler de façon étroite. Si l'on croit que sur chaque problème il n'y a qu'une seule vérité et une seule solution optimale, il n'est pas possible d'accepter une négociation de bonne foi avec les diverses parties concernées.* »[58]

---

[58] CROZIER Michel, *l'entreprise à l'écoute. Approche le management post-industriel,* Paris, édition InterEditions, 1989, p. 118.

Nous partons de l'hypothèse qu'il faut permettre la confiance au sein d'une équipe. M. Crozier fait le pari : « *des capacités humaines et sur l'apprentissage possible des nouveaux comportements* ».[59]
L'approche bottom-up permet pleinement cette confiance.
Le management de la qualité comme nous l'avons approfondi favorise l'émergence d'un collectif et d'une intelligence collective. L'approche bottom-up répond bien à ce concept d'intelligence collective.

C'est Pierre Lévy qui développe ce concept, dans son ouvrage, *L'intelligence collective : pour une anthropologie du cyberspace*, paru initialement en 1994.
« *Le concept d'intelligence collective pourrait apporter une réponse utile s'il constitue un facteur important pour prédire l'efficacité des équipes de travail dans l'entreprise. Au niveau individuel, l'intelligence individuelle est une préoccupation constante de la gestion des ressources humaines. Au niveau de l'entreprise, il s'agit de l'intelligence organisationnelle, essentiellement étudiée en stratégie dans l'approche par les ressources où s'inscrivent le courant de le « Resource-based view » (Wernerfelt, 1984, Barney, 1991), et la théorie des capacités dynamiques (Teece, Pisano et Shuen, 1997). Au niveau du groupe, il s'agit de l'intelligence collective et cette notion paraît être au croisement du champ de la stratégie d'entreprise et du champ de la gestion des ressources humaines.* »[60]

Par cette définition, nous comprenons que l'intelligence collective est un système. Elle permet la mise en œuvre et en action de la parole du collectif.

---

[59] Ibid. p. 68.
[60] ZAÏBET-GRESELLE Olfa, *DÉFINIR ET REPÉRER L'INTELLIGENCE COLLECTIVE DANS LES ÉQUIPES DE TRAVAIL OPÉRATIONNELLES : LE CAS D'UNE PME DU SECTEUR DE L'ÉLECTRONIQUE, disponible sur internet* : http://isdm.univ-tln.fr/PDF/isdm28/isdm28-zaibet.pdf

La dimension collective du travail est devenue cruciale et c'est un enjeu pour les organisations actuelles. Le concept d'intelligence collective apporte une réponse pour augmenter l'efficacité et l'efficience d'un Institut.

Il convient maintenant de s'attarder sur le mélange qui peut s'opérer entre la qualité, la motivation et le management.

2.3 Un trio à malaxer: la qualité, la motivation et le management participatif

La motivation requiert plusieurs définitions. Les ouvrages parlent de *motivation interne individuelle* et de *motivation externe* du groupe.

La motivation individuelle amène de l'enthousiasme, de l'énergie, de la détermination, de l'implication et de l'assiduité.

La motivation externe fait référence à la dynamique du groupe, à l'ambiance et à la culture de l'Institut.

La motivation est impulsée par le manager. Elle rend compte de comment le leader anime et suscite les leviers individuels et collectifs au service d'une formation.

M. Maslow en 1940, étudie la motivation modélise une Pyramide. Cette pyramide de Maslow identifie une hiérarchie de 5 niveaux de besoins. Il faut pour accéder à un niveau supérieur satisfaire le niveau N-1.

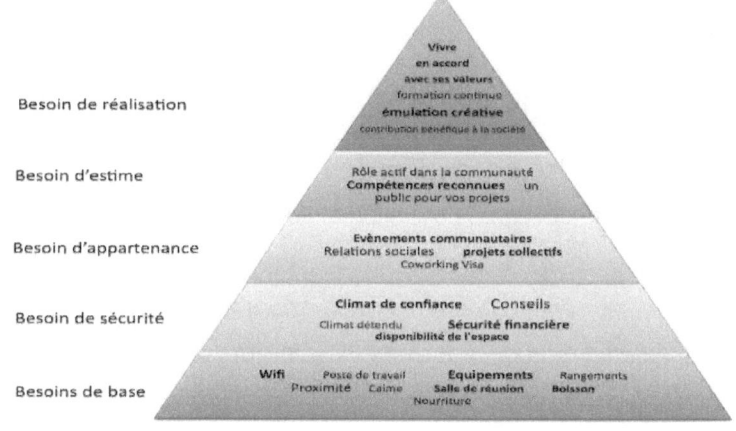

[61]

---

[61]Disponible sur internet : http://www.mutinerie.org/pyramide-maslow-coworking/#.UhN4ydK9CSo

Les différents niveaux sont donc interdépendants. Pour satisfaire cette pyramide, il est essentiel de tenir compte de l'Institut pour pouvoir ordonner une progression lente et sereine. Sinon le directeur risque de créer des résistances aux changements.

Avec M. Drucker, la Direction Par Objectifs apparaît (DPO). Cette DPO permet de fixer des objectifs clairs en intégrant la programmation des étapes prévisionnelles et le contrôle qui permet l'évaluation des résultats.

Cette théorie permet la motivation des formateurs.

La directrice de l'IFSI de Saint-Egrève parle de la motivation et elle la rattache aux objectifs posés : *« Oui si on ne l'impose pas, comme une fin en soi. Mais ça c'est mon expérience d'avant l'IFSI. Je reviens toujours aux établissements. Si on fait de l'accréditation pour de la procédure, on n'améliore rien du tout et on ne change rien, ou pas grand-chose. Dans du court terme ça change. Favoriser le changement et modifier les comportements, c'est du quotidien, c'est-à-dire en gros c'est tout le temps. C'est surtout ne pas dire on fait cela et puis une fois que c'est écrit on ne touche plus. C'est important de poser des objectifs clairs cela favorise la motivation individuelle et du groupe. Je travaille beaucoup sur la motivation et notamment avec le DPPO. »*

Nous allons définir cette théorie de Direction Participative Par Objectifs. (DPPO). Ce concept a été développé dans les années 1970 par M. Gelinier.

La DPPO est *« le style de management qui organise méthodiquement chez chaque membre du personnel une forte motivation fondée moins sur la contrainte que sur l'identification entre les besoins de développement de chacun et les objectifs professionnels que l'entreprise lui propose ».*[62]

---

[62] *Comprendre et dépasser le management par objectifs* disponible sur internet : http://www.manager-par-les-objectifs.fr/la-dppo-doctave-gelinier/

Cela amène à l'importance du management participatif pour créer de la motivation. Le management de la qualité est dans les principes du management participatif.

Pour définir le management participatif nous utiliserons la définition de M. Hermel :

« *Forme de management favorisant la participation aux décisions, grâce à l'association du personnel à la définition et à la mise en œuvre des objectifs les concernant* ».[63]

Il en indique les caractéristiques :

« - *le management participatif englobe et dépasse les approches traditionnelles de management et ne se limite donc pas au management des hommes*

– *le management (notamment participatif) ne consiste pas simplement à manier le verbe et l'intention, mais il doit se traduire en actes concrets dans le fonctionnement*

– *le management participatif concerne tous les membres de l'organisation : ceux de l'encadrement parce qu'ils sont managers à part entière, les autres parce qu'ils participent à certains actes du management*

– *le management participatif s'appuie sur la création et la valorisation des potentiels humains.* »[64]

L'auteur résume de façon claire, la nécessaire implication de tout le personnel dans une dynamique institutionnelle et surtout il insiste sur l'importance d'objectifs clairs et tenables pour ne pas décourager le personnel.

---

[63] HERMEL Philippe, *le management participatif*, Paris, édition : les éditions d'Organisation, 1988, p. 49.

[64] Ibid. p. 175.

Il convient maintenant d'établir un corollaire dans le domaine qui nous intéresse celui de la formation et de la pédagogie.

Le management participatif permet au manager d'opérer un leadership et à l'étudiant de se former dans le questionnement. Le nouveau référentiel, comme nous l'avons vu, amène à une posture réflexive.

Nous revenons à la question essentielle celle de la satisfaction du client.
Le management participatif peut favoriser la pédagogie différenciée. M. Vignatelli, dans sa thèse, dit *« la différenciation pédagogique incite à proposer des chemins variés pour apprendre, s'appuyant sur les différentes stratégies utilisées par l'étudiant, d'une certaine manière, elle tend à personnaliser le parcours. La direction participative, si elle se développe l'aspect groupal et collectif, valorise également l'individu, en lui donnant des responsabilités, en lui permettant d'être créatif et de s'investir. »*[65]

Dans son article Bruno Robbes, explique clairement la pédagogie différenciée. Il reprend les concepts de M. Merieu. En effet, cette pédagogie s'intéresse à l'individu dans sa globalité et elle permet surtout *« l'inventivité régulée (ou la tension invention/régulation) »*.

M. Robbes explique : *« l'inventivité régulée s'attache à ne pas en rester à une pédagogie des causes, mais promeut une pédagogie des conditions. Celle-ci accepte comme une réalité incontournable le fait que je n'ai jamais de pouvoir direct sur la conscience de l'autre et que je ne peux en aucun cas déclencher ses apprentissages de manière mécanique »*. Ainsi, l'enseignant

---

[65] VIGNATELLI William, *la formation des infirmiers et le management des IFSI : quelle cohérence ?*, ANRT thèse, p. 266.

se redonne le pouvoir d'agir, en mettant au point des méthodes, des situations, des dispositifs, des techniques et des outils pédagogiques qui vont permettre aux élèves, différents de fait, d'apprendre »[66]

A partir de là nous pouvons relier le processus de management de qualité et la pédagogie différenciée.

En effet elles ont en commun, l'émergence des besoins et l'adaptabilité à la réalité dans le contexte.

Pour se faire, le manager de la qualité doit aborder la communication car elle participe de façon entière à la motivation et aux conduites de changement.

---

[66]ROBBES Bruno, *La pédagogie différenciée : historique, problématique, cadre conceptuel et méthodologie de mise en œuvre*, 2009, disponible sur internet :
http://www.meirieu.com/ECHANGES/bruno_robbes_pedagogie_differenciee.pdf

2.4 Favoriser la communication

Communiquer est l'essence même de la relation humaine. Nous allons étudier la communication dans un environnement professionnel.
C'est la partie fondamentale du management de la qualité. En effet la communication interne fédère les équipes et la communication externe permet de valoriser l'institut auprès des partenaires.
Cette fonction est très complexe dans le cadre de la mise en place d'un projet. La démarche qualité est un point d'ancrage du projet.

Elle doit tenir compte de la culture de l'institut, de la dynamique du groupe, des objectifs à atteindre et de la diversité des enjeux.
M. Néré, dans que sais-je, *management de projet*, insiste sur les questions qu'il est important de se poser et qu'il ne faut pas oublier :
« *- Que communiquer, à qui, quand et comment ?*
- Comment communiquer vers chacune des cibles ?
- Quel risque prend-on vers ne pas communiquer ?
- Quel risque prend-on en communiquant vers tel ou tel interlocuteur ? »[67]

Des procédures construites et opérationnelles ne sont pas de simples règles qu'il suffit de diffuser pour qu'elles soient appliquées. La communication ne passe pas seulement par la transmission d'une information. La Croix Rouge Française en ayant comme objectif une certification nationale, est seulement dans cette transmission d'application. Les formateurs d'ailleurs et mêmes les dirigeants considèrent la démarche qualité seulement comme un outil.
Cela ne favorise pas le changement car le « trop »de processus nuit aux processus.

---

[67] NERE Jean-Jacques, *le management de projet*, que sais-je, Mayenne, édition Puf, 3ème édition, 2012, p. 56.

L'appropriation d'une procédure viendra de l'implication qu'a eu le formateur à la construire. « *S'il considère que c'est un peu sa création, sa production, il aura une plus grande propension à la promouvoir, à la défendre et à l'expliquer. Si au contraire il la considère comme un objet imposé de l'extérieur, il tiendra à la rejeter ou tout au moins la regarder avec circonscription, quand bien même le document serait de qualité.* »[68]

Nous l'avons vu, la communication peut être interne ou externe.
La communication interne favorise la synergie des équipes. Cette communication doit s'opérer du manager vers les salariés, du salarié vers le manager et entre les salariés.

Pour construire ensemble, un objectif commun celui de l'amélioration des processus pédagogiques, il est nécessaire à un manager de fédérer son équipe et de « porter » le changement.
La communication est fondamentale dans des organisations complexes. Les instituts de formation sont moins complexes que les établissements de soins dans leur organisation. Par contre la satisfaction du client est complexe.

La communication externe revêt alors toute sa place. En effet, les directeurs d'IFSI doivent communiquer de façon pertinente et ciblée auprès de leurs différents partenaires. Il paraît alors plus simple de se faire certifié norme ISO 9001, ainsi la communication se simplifie. Nous rappelons que cette norme s'intéresse à la satisfaction du client.

---

[68] BELLAICHE Michel, *manager vraiment par la qualité*, La plaine Saint Denis, édition Afnor, 2012, p. 208.

Nous pouvons donc présumer que si l'indice de satisfaction est fort, les établissements recruteurs peuvent s'attendre à des personnels performants et efficaces.

L'ARS, ayant la culture de la qualité, reconnaîtra l'intérêt et la difficulté à être certifiée. Cela devient donc un gage de performance voire d' 'excellence.

Par ces définitions, il apparaît évident que la communication fait partie intégrante du management. Le management de la qualité n'échappe pas à la communication. D'autant que le management de la qualité oblige à des changements de posture.

2.5 Fédérer le changement : « le tout est plus que la somme des parties »

L'enjeu de la démarche qualité en IFSI est de fédérer le changement.

Le management de la qualité ne s'improvise pas. Nous pensons « *que pour les innovations puissent se révéler, s'affirmer, réussir, il faut que la liberté soit laissée aux innovateurs et que le long terme, le qualitatif et l'humain puissent reprendre la priorité.* »[69]

Il ne suffit pas d'utiliser son pouvoir de directeur pour faire évoluer le système. Mais celui-ci devra être partagé par le groupe pour lui permettre de s'engager lui même dans le processus de changement.

Depuis deux décennies, le management a beaucoup évolué. Aujourd'hui les organisations porteuses de sens sont celles qui favorisent la transversalité, la décentralisation et la subsidiarité.

Les IFSI sont déjà dans des schémas transversaux. L'approche pédagogique favorise ce mode de pensée. Les IFSI réunissent ce que M. Taylor avait séparé: la conception et l'exécution du travail.

Le management en IFSI s'opère sous cet angle.

Aujourd'hui on mesure la performance d'une entreprise à son pouvoir de coopération qu'elle instaure au sein de chaque service et entre les unités. La coopération est un ajustement mutuel, nous revenons alors à la notion *d'intelligence collective*.

Le développement de l'intelligence collective interroge la notion de pouvoir.

---

[69] CROZIER Michel, *l'entreprise à l'écoute. Approche le management post-industriel*, Paris, édition InterEditions, 1989, p. 217.

Les enjeux de pouvoir et le pouvoir lui-même sont questionnés et prennent une place nouvelle.

« On comprend bien pourquoi le pouvoir est aujourd'hui une notion pertinente, voire primordiale pour le management alors qu'auparavant elle n'intéressait que le sociologue ».[70]

Pouvoir et coopération sont donc deux entités qu'il convient de rapprocher et qui doivent même se conjuguer ensemble.

Les IFSI sont à un tournant de leur histoire. La démarche qualité et par conséquent son management de la qualité font irruptions. Les directeurs ne sont pas forcement acculturés au management de la qualité.

Les acteurs d'une entreprise ne sont pas résistants aux changements. Les différents sociologues nient ce postulat. Ils expliquent que si le changement est porteur de sens, les employés y participent.

« Par principe et dans ses potentialités, une démarche qualité est porteuse de sens. Elles poussent une entreprise et son management à définir des objectifs communs et à communiquer fortement sur ceux-ci. »[71]

En ce sens, le management de la qualité rejoint de très près le management participatif.

Le management de la qualité est conduit par la stratégie de l'entreprise.

Aujourd'hui les IFSI ont des stratégies centrées sur l'université et ses enjeux.

---

[70] MORIN P, DELAVALLEE E, *le manager à l'écoute du sociologue*, Paris, édition : Editions d'Organisation, 2004, p. 195.
[71] BELLAICHE Michel, *manager vraiment par la qualité*, La plaine Saint Denis, édition Afnor, 2012, p. 71.

La démarche qualité vient questionner les pratiques, « le produit » fini. Si le sens de la politique de l'entreprise est rediscuté, retravaillée par les différents acteurs alors on parle de « coproduction ». Ainsi ces changements sont validés mais surtout acceptés par les employés.

Les IFSI fonctionnent déjà avec un management participatif. Alors ces démarches qualités doivent s'intégrer dans ce management.

Si la qualité est mise à côté du management cela devient seulement un outil et donc on ne peut pas alors parler du management de la qualité.

Tout l'enjeu est là.

« Le pari de la démarche qualité serait de rendre le changement comme une évidence partagée par chacun dans l'entreprise. »[72]

Pour des équipes en IFSI, il est important de concilier démarche qualité et les objectifs pédagogiques qui sont formulés dans les projets pédagogiques.

Nous conclurons en disant que le changement s'accompagne et s'intègre dans un processus systémique.

---

[72] Ibid. p. 73.

CONCLUSION

Ce mémoire a permis d'aborder la démarche qualité comme un processus. La fonction de directeur des instituts de formation est en pleine évolution. Le directeur doit mettre en place des démarches qualité. L'enjeu est que la qualité devienne un management de la qualité.

La recherche conceptuelle et les entretiens ont permis d'approfondir le processus de la démarche qualité.

Au terme de cette analyse, il apparaît que la démarche qualité répond à un changement managérial.

Il a été démontré tout au long de ce travail que la démarche qualité se transforme en management de la qualité uniquement s'il y a une implication de tous les membres de l'équipe. Le management de la qualité est un management de projet.

Cela vient souligner l'importance de l'approche bottom-up. Cette façon de manager permet l'émergence et la créativité des formateurs.

A contrario l'approche top-down, limite la démarche qualité en un outil. Cette approche ne lui permet pas de passer d'une démarche qualité à un management de la qualité.

Il est important de redire l'indispensable implication du directeur comme meneur du projet. Par contre ce management n'est possible que s'il y a une cohérence commune au sein des formateurs. Pour cela, le directeur s'appuie sur les compétences de l'équipe. Le chef du projet guide, mobilise et fédère son équipe. Nous pouvons donc affirmer que les objectifs doivent être clairs et réalistes.

Le manager doit créer un climat de confiance pour permettre à ces collaborateurs « *de se sentir considérés, soutenus, respectés, accompagnés et donc motivés.* »[73]

La motivation d'une équipe est un élément central du management de la qualité.

La satisfaction de l'étudiant doit être posée comme un objectif. Comme le patient, l'étudiant doit être au centre des préoccupations. Le référentiel de formation dit que l'étudiant doit être un professionnel réflexif et autonome.

Pour appréhender ce type de management, les équipes doivent s'accorder du temps et un espace collaboratif.

Nous revenons alors à l'importance de la communication qui va être génératrice de motivations chez le formateur.

La communication permet comme nous l'avons abordé, de faciliter le changement. Il convient alors de redire que le management de la qualité est une forme de management participatif.

Par contre, il ne suffit pas de positionner dans une réunion les différents acteurs pour que forcement cela génère un travail collaboratif. Le concept d'intelligence collective, cité plus haut dans le mémoire, peut permettre de rentrer dans ces processus qualité. Ces derniers sont la clef de voûte de la démarche qualité.

M. Bonnecarrere reprend les écrits de M. Levy et nous explique : « *l'intelligence collective n'est féconde qu'en articulant ou en coordonnant les singularités, en facilitant les dialogues, et non pas en nivelant les différences*

---

[73] ENGELBRECHT Rémi, *Faire sa trace : sept leçons de haute montagne à l'usage des managers*, Paris, édition Pearson, 2008, p 258.

ou en faisant taire les dissidents. »[74]

Le directeur tient compte de la culture de l'IFSI et de son équipe de formateurs. Les formateurs ont la même formation ce qui crée une homogénéité. Le discours est commun et donc la communication en est simplifiée. La réflexion collective émerge plus facilement. Cette collaboration facilitée permet les changements.

Mais il convient de ne pas banaliser cette réflexion collective. En effet, même si les valeurs des formateurs semblent communes, il est nécessaire que le directeur fédère le changement. Les conditions d'occurrence de la *convergence* sont le juste équilibre entre la *normalisation* et *la polarisation*.

Devant tous ces éléments, nous pouvons dire que le management de la qualité relève d'une approche systémique. Cette approche offre une vision globale ouverte et orientée sur la promotion du changement. Il convient donc aux IFSI et particulièrement aux directeurs d'approcher le management de la qualité de façon systémique.

L'enjeu de demain sera, dans cette approche systémique, que le manager ne reste pas centré sur son équipe de formateurs mais ouvre son management de la qualité vers ces partenaires et notamment les terrains de stage. La formation professionnelle infirmière est une formation en alternance. Nous rappelons que les étudiants passent 50% de leur temps sur les lieux de stage. Le management de la qualité doit être questionné avec les partenaires des stages. L'étudiant ne pourra devenir un professionnel compétent que si pendant sa formation il a été confronté à des pratiques. L'étudiant développe des compétences en agissant en situation.

---

[74] BONNECARRERE T, *créer un contexte social favorable à l'intelligence collective et l'innovation ? Analyse de l'esprit collectif évolué et de l'émergence des nouvelles idées au sein d'un groupe d'individus.* Disponible sur internet :
http://fr.slideshare.net/ThomasBonnecarrere/comment-crer-un-contexte-social-favorable-lintelligence-collective-et-linnovation-thomas-bonnecarrere

Mais il est souvent sur les lieux de stage pris face à deux enjeux : celui d'apprendre des soins et celui de produire des soins.

Le management des IFSI et le management des établissements de soins devraient unir leurs réflexions et leurs prospectives.

Il semble que l'ARS pourrait devenir le chef d'orchestre pour que la partition de l'alternance devienne mélodieuse pour l'étudiant.

BIBLIOGRAPHIE

Le management :

THIETART Raymond-Alain, *le management,* Mayenne, édition Puf, Que sais-je, 2010.

CHAPUS-GILBERT Valentine, *manager une équipe,* Paris, édition Nathan, 2°édition, 2011.

ALLARD-POESI Florence, *management d'équipe*, Paris, édition Dunod, 3° édition, 2012.

DRUCKER Peter, *l'avenir du management,* Paris, édition Pearson Éducation France, 2010.

COLLINS Jim, *de la performance à l'excellence*, devenir une entreprise leader, Paris, édition Pearson Éducation France, 2001.

CROZIER Michel, *l'entreprise à l'écoute. Approche le management post-industriel,* Paris, édition InterEditions, 1989.

ZAÏBET- GRESELLE Olfa, *définir et repérer l'intelligence collective dans les équipes de travail opérationnelles : le cas d'une PME du secteur de l'électronique,* disponible sur internet : http://isdm.univ-tln.fr/PDF/isdm28/isdm28-zaibet.pdf

HERMEL Philippe, *le management participatif,* Paris, édition les éditions d'Organisation, 1988.

Comprendre et dépasser le management par objectifs, disponible sur le site internet : http://www.manager-par-les-objectifs.fr/la-dppo-doctave-gelinier/

NERE Jean-Jacques, *le management de projet*, que sais-je, Mayenne, édition Puf, 3ème édition, 2012.

MORIN P, DELAVALLEE E, *le manager à l'écoute du sociologue*, Paris, édition : Editions d'Organisation, 2004.

BONNECARRERE T, *créer un contexte social favorable à l'intelligence collective et l'innovation ? Analyse de l'esprit collectif évolué et de l'émergence des nouvelles idées au sein d'un groupe d'individus*. Disponible sur internet : http://fr.slideshare.net/ThomasBonnecarrere/comment-crer-un-contexte-social-favorable-lintelligence-collective-et-linnovation-thomas-bonnecarrere

ENGELBRECHT Rémi, *Faire sa trace : sept leçons de haute montagne à l'usage des managers*, Paris, édition Pearson, 2008, p 258.

La qualité et le management de la qualité :

JAMBART Claude, *la norme ISO 9001 : 2000 en pratique*, Paris, édition economica, 2007.

KOLB François, *la qualité*, Paris, édition Vuibert, 2002.

MITONNEAU Henri, *iso 9000 version 2000*, Paris, édition Dunod, 2007.

ISHIKAWA Kaoru, *la gestion de la qualité*, Paris, édition Dunod, 2007.

OTTER Martine, SIDI Jacqueline, Hanaud Laurent, *guide des certifications SI*, Paris, édition Dunod, 2009.

MIONE Anne, *les enjeux stratégiques de la norme*, La plaine Saint Denis, édition Afnor, 2009.

TEBOUL James, *la dynamique qualité,* Paris, édition les éditions d'Organisation, 1992.

BELLENGER L, *piloter une équipe de projet*, Issy-les-Moulineaux, édition ESF, collection formation permanente, janvier 2004.

BELLAICHE Michel, *manager vraiment par la qualité*, La plaine Saint Denis, édition Afnor, 2012.

MORIN Pierre, DELAVALLEE Éric, *le manager à l'écoute du sociologue*, Paris, édition les éditions d'Organisation, 2004.

La qualité dans la pédagogie :

LE BOTERF Guy, BARZUCCHETTI Serge et VINCENT Francine, *comment manager la qualité de la formation ?* , Paris, édition les éditions d'organisation, 1994.

HELDENBERGH Anne, *Les démarches qualité dans l'enseignement supérieur,* Paris, édition l'harmattan, 2007.

GRANIER C, MAS L-Y, FINOT L, ARNOUX B, PASQUALINI N, DOLLE V, *La démarche qualité dans la recherche publique et l'enseignement supérieur,* Versailles, édition Quae, 2009.

ENSP, accréditation des dispositifs de formation, référentiel qualité.
www. aeres.fr

Pédagogie :

Revue française de pédagogie, la pédagogie universitaire : *un courant en plein développement,* N°172, juillet-août-septembre 2010.

BECKERS Jacqueline, *compétences et identité professionnelles,* Bruxelles, édition De Boeck université, 2007.

PERRENOUD Philippe, *développer la pratique réflexive,* Issy-les-Moulineaux, édition ESF, 2001.

HOUSSAYE Jean, *le triangle pédagogique,* Toulouse, édition Peter Lang, 1988.

PERRENOUD Philippe, *articulation théorie-pratique et formation de praticiens réflexifs en alternance,* Faculté de psychologie et des sciences de l'éducation Université de Genève, 2001.

LESSARD C, BURDONCLE R, *« qu'est ce qu'une formation professionnelle universitaire »,* Revue Française de pédagogie, n° 139, 2ème trimestre 2002.

VOISIN A., *« L'apprenant introuvable, ou les incertitudes de la recherche »,* Revue Éducation Permanente, n°147, 2001.

ROBBES Bruno, *La pédagogie différenciée : historique, problématique, cadre conceptuel et méthodologie de mise en œuvre,* 2009, disponible sur internet : http://www.meirieu.com/ECHANGES/bruno_robbes_pedagogie_differenciee.pdf

IFSI :

BOUSSEMAERE Sylvain, *La qualité en instituts de formation en soins infirmiers et d'aides-soignants,* soins cadres, N° 81 supplément, février 2012, p18-21.

LORAUX Nicole, SLIWKA Corinne, *formateurs et formations professionnel : l'évolution des pratiques,* Paris, édition Lamarre, 2006.

VIGNATELLI William, *la formation des infirmiers et le management des IFSI : quelle cohérence ?,* ANRT thèse.

VIEZ Marie Claire, *le financement des instituts de formation en Soins Infirmiers,* synthèse documentaire de la Fédération de l'Hospitalisation Privée, 2010.

L'université :

VASCONCELLOS Maria, *l'enseignement supérieur en France,* Paris, édition la découverte, 2006.

MAYOR Federico, TANGUIANE Sema, *l'enseignement supérieur au XXIe siècle,* Paris, édition Hermes sciences publication, 2000.

L'hôpital :

Rapport de l'IGAS de 2012, la Documentation Française.

Texte de loi:

MINISTERE DE LA SANTE ET DES SPORTS, Arrêté du 31 juillet 2009 relatif au diplôme d'État d'infirmier

MINISTERE DE LA SANTE ET DE LA PROTECTION SOCIALE, Décret n°2004-802 du 29 juillet 2004 relatif aux parties IV et V (dispositions réglementaires) du code de la santé publique et modifiant certaines dispositions de ce code.

MINISTERE DE LA SANTE DES AFFAIRES SOCIALES ET DE L'INTEGRATION, décret 92-264 du 23 mars 1992 relatif au programme des études conduisant au diplôme d'État d'infirmier

MINISTERE DE LA SANTE et de L'ACTION HUMANITAIRE, décret n°93-345 du 15 mars 1993, relatif aux actes professionnels et à l'exercice de la profession d'infirmier.

MINISTERE DES AFFAIRES SOCIALES ET DE LA SOLIDARITE NATIONALE, décret du 17 juillet 1984, article1.

MINISTERE DE LA SANTE ET DE LA FAMILLE, Décret n° 79-300 du 12 Avril 1979 relatif aux études préparatoires au diplôme d'état infirmier

Loi n°78.615 du 31 mai 1978

Code de la santé publique-livre IV, titre II, article 473

ANNEXE 1

http://www.piloter.org/qualite/roue-de-deming-PDCA.htm:

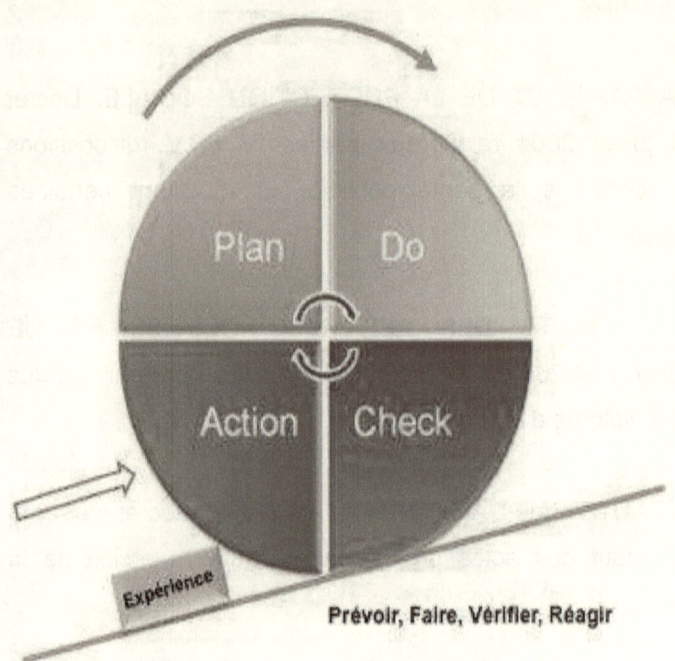

La Roue de Deming et l'amélioration permanente...

Oui, je veux morebooks!

i want morebooks!

Buy your books fast and straightforward online - at one of world's fastest growing online book stores! Environmentally sound due to Print-on-Demand technologies.

Buy your books online at

www.get-morebooks.com

Achetez vos livres en ligne, vite et bien, sur l'une des librairies en ligne les plus performantes au monde!
En protégeant nos ressources et notre environnement grâce à l'impression à la demande.

La librairie en ligne pour acheter plus vite

www.morebooks.fr

 VDM Verlagsservicegesellschaft mbH
Heinrich-Böcking-Str. 6-8   Telefon: +49 681 3720 174   info@vdm-vsg.de
D - 66121 Saarbrücken   Telefax: +49 681 3720 1749   www.vdm-vsg.de

www.ingramcontent.com/pod-product-compliance
Lightning Source LLC
Chambersburg PA
CBHW020702300426
44112CB00007B/480